超入門ブロックチェーン

森川夢佑斗

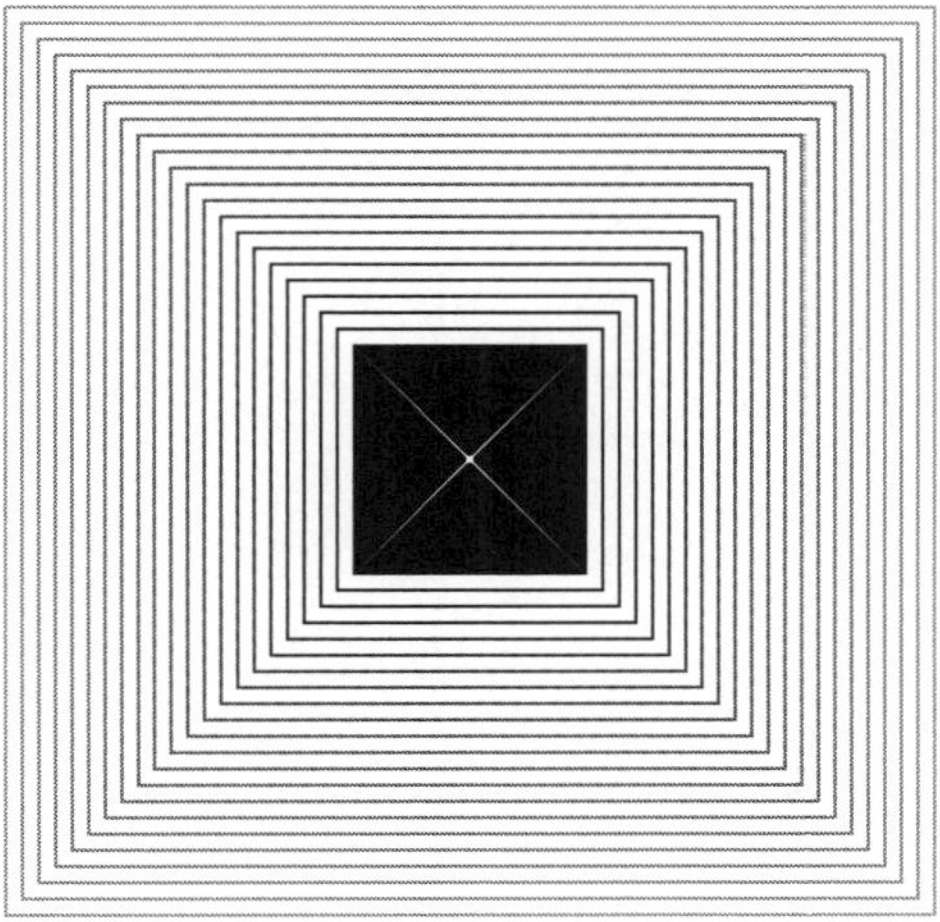

はじめに

新型コロナウイルスの影響が、私たちの生活に大きな影を落とし始めた2020年初頭以降、私たちの社会、生活が大きく変化していることは、皆さんも実感していることでしょう。

人と人との直接的な接触を避けざるを得ない状況のもとで、生活者一人ひとりの日常もこれまでとは異なる「ニューノーマル」へと変化しました。

オフィスへの出勤が制限され、リモートでの会議が一般化された企業も多いようです。また契約書の取り交わしや、押印処理などのバックオフィス業務を実施するためだけに出勤を余儀なくされる、いわゆる「ハンコ出勤」も急速なペーパーレスの波とともに電子署名・電子契約に移行しつつあります。

この急速なデジタル化の根底にあるのは、「物理的な空間を他人と共有することができない」ことの不便さです。皮肉にも新型コロナウイルスの感染拡大が、そのことを改めて認知させたともいえます。

日常生活では、感染症に罹患《りかん》してしまうかもしれないという恐怖心はもちろん、自身がウイルスの感染源になってしまうのではないかという懸念があり、可能な限り3密（密閉、密集、密接）を避け、他人と会わない生活を心がけなくてはなりません。

一方で経済活動は、新型コロナウイルスの有無にかかわらず、今までどおり行わなければなりません。

新型コロナウイルス感染への恐怖やモラル・倫理観の変化によって、物理的な空間の利用共有が制限され、これまでアナログで行っていた業務を見直す必要が生じたことでデジタル空間の有効活用への機運が高まりました。そして、そんな中で急速にバズワード化したのが「デジタル化」「DX」だということができます。

従来のアナログを前提に進められてきたさまざまな業務を、デジタルを前提に切り替えること。そして、それに伴いデジタル技術の利点を最大限に発揮して、ニューノーマルに対応していくことが模索されているのが現状といえます。

そうした流れも含めて、総じて「DX（デジタルトランスフォーメーション＝企業がビジネス環境の激しい変化に対応し、データとデジタル技術を活用して、顧客や社会のニーズを基に、製品やサービス、ビジネスモデルを変革するとともに、業務そのものや、組織、プロセス、企業文化・風土を変革し、競争上の優位性を確立すること）」という言葉も頻繁《ひんぱん》に耳にするようになりました。

ここで、いくつかの問題も生じています。デジタル化の最大の利点は、情報の流通するスピードを高め、共有する範囲を広げる点にあります。例えば、アナログな手紙からデジタルなEメールへの移行などは、そうした利点の活用に他なりません。

しかし、便利になった反面、アナログに備わっていた「確からしさ」が失われてしまっています。どういうことかというと、例えば、誰かが書いた手紙を複製することは、その紙の材質や状態、その人の筆跡などを完璧に真似をするのは困難です。しかし、Eメールの場合は、文字情報のみであり、それはもっというと0と1の文字列が並んでいるに過ぎません。順番さえ間違えなければ、複製を行うことは比較的容易でしょう。

このようにアナログなものは質感や重量など物理的な性質を備えており、複製が難しく、本物であるかどうかの判別がしやすい。逆にデジタルなものは、複製が容易なため、その判別がしにくい傾向にあります。

そうした本物であるかどうかの「確からしさ」の有無こそが、これまでのアナログ業務を前提としていたプロセスを、そのままデジタル空間に持ち込めない理由でした。


それを解決するのが、本書のテーマであるブロックチェーンです。ブロックチェーンはデジタルな空間に「確からしさ」を与えることで、アナログとの〝いいとこ取り〟を実現する技術です。

例えば、ブロックチェーンによって生み出されたBitcoin（ビットコイン）などの暗号資産は、Eメールを送るように世界中どこへでも送れる、0と1で表現されたデジタルデータですが、同時に複製が困難という特徴を持っています。

この特徴は、昨今急速に話題を集めるNFTにも通ずるものです。どちらもブロックチェーンがデジタルなものに「確からしさ」を与えることで、新しいムーブメントを引き起こした良い例です。

その他にも、書面やハンコなどアナログなもので確からしさを担保していたビジネスの現場を、抜本的にデジタル化する可能性を秘めています。

本書では、こうしたブロックチェーンの特徴について具体例をあげながら解説しました。そして、いかにしてブロックチェーンが、アナログからデジタルの変化に寄与するのかを紹介しています。

『サピエンス全史』の著者として知られるユヴァル・ノア・ハラリ氏は2020年3月、新型コロナウイルス感染症の流行に際して以下の声明を発しました。

——全体主義的な監視政治体制を打ち立てなくても、国民の権利を拡大することによって自らの健康を守り、新型コロナウイルス感染症の流行に終止符を打つ道を選択できる。監視政治体制を構築する代わりに、科学と公的機関とマスメディアに対する人々の信頼を復活させる時間はまだ残っている。新しいテクノロジーも絶対に活用するべきだが、それは国民の権利を拡大するテクノロジーでなくてはならない。（2020年3月20日「フィナンシャル・タイムズ」紙より抜粋）——

ハラリ氏は、この声明の中で新型コロナウイルスのような感染症に備えて、人々の生命維持を盾に政府や大企業が個人を監視し情報を集める世の中ではなく、テクノロジーによって正しい情報を共有し個人の権利が保たれる社会の必要性を説いています。

私は、ここでハラリ氏が言及する「個人の権利を保ったまま情報を共有しあい信頼を築く」技術こそが、ブロックチェーンだと理解し、それこそがブロックチェーンの思想だと考えています。

本書が、ブロックチェーンへの正しい理解を深める手引きとなれば幸いです。

超入門ブロックチェーン——目次

はじめに ―― 3

第1章　そもそもブロックチェーンってなに？

第2章 価値の記録媒体としてのブロックチェーン
～ビットコインからNFTまで～

第3章　取引プロセスの記録媒体としてのブロックチェーン
～スマートコントラクトとDeFi・DApps～

第1章　そもそもブロックチェーンってなに？

ブロックチェーンは信頼の進化をもたらす

あらゆるテクノロジーは、なにかしらの課題を解決することで私たちの暮らしを良くしていくために考案されます。マクロで捉えれば、テクノロジーは人類社会をなんらかの方向性へ進歩させていくものです。

文明批評家として知られるマーシャル・マクルーハン氏は、このようなテクノロジー観を「メディア論」として整理しました。マクルーハン氏は、人間の生み出したテクノロジーをメディア（中間にあるもの、拡張するもの）と位置づけ、人間の所与の能力をなんらかの形で外化（アウトプット）したもの、拡張したものなのだと説明しています。

この主張に則ると、例えば、自転車や自動車は人間の足の拡張であり、衣服は皮膚の拡張、住居は肉体の体温調節メカニズムの拡張、さらに、テレビやラジオは視覚や聴覚といった中枢神経組織の拡張と捉えることができます。

この考え方は、イメージしにくい最先端技術の存在意義や展望を考える際の手がかりとなります。

例えば、ＡＩ（人工知能）は人間の脳の拡張に挑戦するものといえるでしょう。脳はなんらかのインプットを受けた時、過去の経験や記憶と結びつけて、求められるアウトプットを出力する器官です。これはＡＩが行っている一連の処理と同じ動作です。

また、ＶＲ（バーチャル・リアリティ＝仮想現実）やＡＲ（オーグメンテッド・リアリティ＝拡張現実）は、より人間の視覚や聴覚といった感覚器と、それと連なる中枢神経組織の拡張を目指したものといえるでしょう。

これはＶＲやＡＲが、自然界の情報を感知する私たちの身体機能を活用して、デジタルな情報を感知できるようにする技術だからです。

では、ブロックチェーンは、なにを拡張する技術なのでしょうか。

ブロックチェーンは、人間同士の間で形成される「信頼」を拡張し、進化をもたらすものです。

ブロックチェーンの役割は情報の「記録」と「共有」

信頼とは、読んで字の如《ごと》く相手を信じて頼りにすること。そして、相手が自分の期待するなにかしらの行動をしてくれる、あるいは約束を守ってくれると信じることです。

また、信頼とは一朝一夕《いっちょういっせき》で形成されるものではなく、「約束を守ること」を積み重ねて築かれる関係性です。

そういった関係性の構築に一役買ってきたテクノロジーの最たるものが「文字」です。お互いの意図したことや、お互いが体験した過去の出来事を文字として記録し合意することで約束が成立します。取り交わした約束をお互いに忘れないように記録を保存し、時には第三者と共有しておくことで、約束が反故《ほご》にされる可能性を軽減します。

他には「印刷」や「インターネット」も文字と同様に情報の記録・保存・共有に適したテクノロジーで、人と人とが意思疎通を行い信頼を築くために用いられています。

ブロックチェーンもまた、それらと同様に情報を記録し共有するためのテクノロジーです。ビットコインを始めとする暗号資産の基盤に用いられていることから誤解されがちですが、ブロックチェーン技術自体は究極的には「データの記録と共有」という、より汎用《はんよう》的な目的のもとに利用されています。

例えば暗号資産の場合、ブロックチェーン技術は「残高」を記録し、共有することのために用いられています。実は、ビットコインと聞いてよく思い浮かべられがちな「コイン＝貨幣」的なイメージは、実態としては存在しません。存在しているのはあくまでも「ブロックチェーン上に記録された残高とその所有口座の情報」なのです。

その他にも、ブロックチェーンのユースケースは多岐《たき》にわたります。証券発行や不動産登記、サプライチェーン管理や行政サービスの電子化などですが、これらにおいても同様にブロックチェーンのユースケースでは、全て「情報を記録し、共有すること」が根底にあります。

ここで「情報を記録し共有するなんてことは、既存の技術でも十分できていた、そんなありふれた技術がなんでこんなにもてはやされるんだ？」と感じた方がいらっしゃるかもしれません。確かに記録技術というと、AIやVR／ARといった他の技術と比べて目新しさを欠く印象かもしれません。

いったい従来のデータの記録や共有を行う技術と、ブロックチェーンの間には、どのような違いがあるのでしょうか？　また、従来の手法のなにを解決するためにブロックチェーンは生み出されたのでしょうか？

デジタル空間で不特定多数の人が「確からしさ」を保つことは難しい

ブロックチェーンと従来の記録共有技術との違いは「情報の確からしさ」をどれだけ担保できるか、という点にあります。

例えば、1つのエクセルファイルをクラウド上で共有し、数十人が一斉に利用するシーンを考えてみましょう。具体的には中学校や高校の文化祭で模擬店の取引を全クラスが1つのファイルに記録して、文化祭後に清算するような状況を想定してみてください。エクセルファイルには「文化祭の期間中に、いつ、誰が、どの店舗でどんな取引を行ったか」

を記録するとします。

この時、全員が信頼できる人間であれば、エクセルファイルには正確な情報だけが記載されていき、実際に行われた取引の履歴を正確に記録することが可能です。

ファイル自体もクラウド上で共有されているため、全員が同時に最新の情報にアクセスすることができるでしょう。そのため、文化祭終了後にそのエクセルファイルをもとに全員の取引を清算し、なんのいさかいもなく笑顔で帰ることができるでしょう。

しかし、問題は「全員が信頼できる人間であれば」という前提部分にあります。もし仮に、誰かが自分の過去の取引を帳消しにしたり、受けたサービスの費用をタダにしようと考えた場合、エクセルファイル上で自分が行った取引の「行」を削除してしまえばいいだけです。

また、自分がしなくてはならない支払いを誰かに押しつけようと、取引の内容を書き換えることもできます。さらに、文化祭自体を台なしにしたいと思えば、エクセルファイルそのものをクラウド上から削除することさえ可能でしょう。

このように、自らの利益を最大化しようと考える参加者、信頼に値しない参加者がいた場合には、「確からしいデータを記録し、共有すること」のハードルは高くなります。

実は、これこそは「ビザンチン将軍問題」として、分散システムの世界で知られてきた命題です。

デジタルデータというのはアナログの媒体と比べて、あとから情報を修正するためのコストがほとんどかからず、権限さえあれば誰でも改ざんすることが可能です。そのため不特定多数の人間が同じ権限を持っている場合、「確からしい情報」を記録し共有することには不向きでした。

特定の管理者を必要とするこれまでのシステム

先の例のように、金銭や商品のやり取りを管理する際には、誰もが閲覧《えつらん》し更新できる帳簿上で管理することはほとんどありません。

通常は、エクセルファイルを更新できる権限を持った管理者を限定し、他の参加者はそれぞれ閲覧権限だけを持つことになるでしょう。

取引の履歴は、各店舗が前売り券を事前に発行する方法や、取引時に個別に領収書や請求書を発行する方法、各店舗が取引履歴をローカルで管理した上で、文化祭のあとにそれを管理者へ提出し、最後に管理者が情報を集約するような方法で記録することになるでしょう。

しかし、この方法では、リアルタイムで取引の全容を参加者全員が把握することはできません。また、管理者の存在を発端とするいくつかの問題点が生じます。

その1つは、管理者の負担の問題です。仮に文化祭終了時点で清算を完了させないといけない場合、管理者は文化祭に参加せず、終始エクセルファイルや各種の券面・領収書等の管理を任されることになります。清算までに時間的な猶予《ゆうよ》があったとしても、文化祭後に一人居残って作業を続けないといけません。

この種の作業の面倒さを、実際に経験したことがある人も多いでしょう。例えば、人によって領収書の書き方が異なっていたり、指定したフォーマットに対応せず独自の情報を書いている場合もあります。手書きであれば、文字が読みづらいこともあるでしょう。また、取引履歴に不整合が生じた場合には、関係者を集めて事情を確認したり、複数の情報を突きあわせなくてはなりません。

こうなると、手間のかかるこの仕事をやりたがる人はいなくなってしまいます。少なくともこの負担をカバーするだけの報酬などのインセンティブが必要となるでしょう。

仮に管理の負担をカバーしたとしても、帳簿上の記録を不正に操作する可能性が拭《ぬぐ》えない、という問題が生じます。そもそも、管理者自身の故意やミスにより取引履歴が間違って記録される恐れがありますし、先ほどのように「取引をなかったことにしたい」「負債を帳消しにしたい」という人間が、管理者にお金を渡すなどの方法で不正を促すことも可能です。

報酬を管理者に与えるという発想自体はいいのですが、そもそも管理者が固定で、かつ誰かからの報酬を受け取れる状態である時点で、悪意のある人が報酬を上回る対価を支払うなどの方法で不正が生じる恐れがあります。

さらに、この帳簿上の記録を別の用途で利用しようとする可能性があります。例えば、誰がなにをいくらで購入したのかという情報は、購買動向を調査したいマーケティング会社などに高額で販売することが可能です。

一方で、情報を渡したくない、という参加者も現れるでしょう。商品購買の情報は、個人のプライバシーに深く関わるものだからです。

このような理由から、確からしさが担保されたデータを不特定多数の人間同士で共有しようという場合には、一定の仕組みが採用されてきました。それは、信頼のおける特定の管理者を設定し、その管理者が監査を受けながら、面倒なデータの整合性確認をしなくてはならない、という仕組みです。

この管理者の最たる例が、私たちのよく知る「銀行」です。ところで銀行にお金を預けた時、そのお金は誰のものでしょうか？

当然、預けたあなたのお金だと思いますよね。名目上、そのお金はもちろんあなたのものです。しかしながら、あなたはそのお金を24時間、いつでも好きに使えるわけではありません。もちろん銀行は信頼に応えるために弛《たゆ》まぬ努力を続けてはいるものの、営業時間という制限はありますし、手数料もかかります。暗証番号を忘れてしまうと自分のお金だとしても引き出せなくなり、多少の不便が生じます。

これは、預金を行った時点から、「預けたお金を同種同量で引き出すことができる権利」として銀行の管理下に置かれるようになるからです。銀行を信頼して託している以上、銀行側の負担に費用を支払う必要もありますし、銀行の業務時間外は利用できなくなります。

仮に銀行が破綻《はたん》するなどして返金能力を失うと、預けたお金が返ってこない可能性すらあります。

これまで、確からしさを記録し共有しあう際には、特定の誰かに一括管理してもらうことが、安全性・効率性の観点から最も一般的な方法とされてきました。一方で、そこに生じるリスクや負担を、当然のこととして利用者が黙認してきたとも考えられます。

特定の管理者なしに確からしい情報を共有するには？

誰もが確からしい情報を記録し、自由に共有しあいながら、それでいて特定の誰かに大きな権限を委《ゆだ》ねなくてもいい方法はないのでしょうか。

これを実現するための技術として、注目を集めているのがブロックチェーンなのです。ブロックチェーンはビットコインに始まり、多岐にわたる発展を遂げていますが、それらには「特徴的な合意形成の仕組みが備わっている」という共通点があります。

ここでの「合意形成の仕組み」をブロックチェーンの分野では「コンセンサス・アルゴ

リズム」と呼んでいます。コンセンサスは合意、アルゴリズムは「問題を解決するための手順や計算方法」を指す言葉です。

つまり「皆が正しいと納得しあうための手続き」と考えてください。

ある記録を全員が正しいと納得しあうための手続きには、さまざまな手法があります。見方によっては先述の「特定の管理者を信頼し、その記録を正とみなす」というのも広義のコンセンサス・アルゴリズムといえるでしょう。実際に「Proof of Authority = 権威による証明」という表現が用いられることもあります。

ブロックチェーンの場合は「特定の管理者に依拠することなく、合意を形成する」ことに重きを置いて、通常とは異なる特徴的なコンセンサス・アルゴリズムが、採用されています。

例えば、ビットコインの場合は「マイニング」と呼ばれる計算競争を通じて合意を形成する「PoW（Proof of Work = 作業による証明）」が採用されています。この他にも「Proof of Stake（掛け金による証明）」や「Proof of Importance（貢献度による証明）」など、さまざまなコンセンサス・アルゴリズムが考案されてきました。

ここでは、ブロックチェーン技術の源流となるビットコインと、そのコンセンサス・アルゴリズム「Proof of Work」を例にして、「特定の管理者に依拠しない合意形成」を、どのように実現しているかを解説していきたいと思います。

ブロックチェーンは「シート追加」で更新される取引履歴

2008年にサトシ・ナカモトの論文「Bitcoin：A Peer-to-Peer Electronic Cash System」によって発表されたBitcoin（ビットコイン）には、「ブロックチェーン」の原型となるアイデアが盛り込まれていました。

本章の冒頭で、ビットコインはコイン（＝貨幣）ではなく残高データにすぎない、ということに触れましたが、ビットコインのブロックチェーン上では貨幣というよりも、残高を用いて行われた全ての取引（トランザクション）の履歴が記録されています。

ビットコインは、2009年1月に最初の取引が行われ、それ以降とどまることなく稼働しています。ビットコイン・ブロックチェーンには、その最初の取引から現在に至るまでの世界中での取引内容が記録されています。

具体的には、「2021年5月1日12時00分に、AというアドレスからBというアドレスへ0・5BTCが送金されました」といったものです。BTCとは、ビットコインの単位で、日本円における「円」もしくは「¥」と同様です。

取引は、送金された時間順に約10分単位で別々データのかたまりとなって記録されます。このかたまりをブロックといいますが、いわば取引の内容を書いた紙を入れておく箱だと思ってください。ブロックの中には、10分間の間に行われた取引の内容が詰まっています。

そのブロックを時系列順に並べて、お互いを繋いだものがブロックチェーンです。電車の車両が、繋がっているところを想像するとイメージがつかみやすいでしょう。

つまり、1車両目が2021年5月1日14時00分から14時10分の間の取引だとすると、2車両目は2021年5月1日14時10分から14時20分の間の取引、3車両目は2021年5月1日14時20分から14時30分の間の取引……というように取引の内容が時系列で連なっているのです。

ブロックには番号が振られており、この番号が先ほどの電車の例でいうと車両番号に当たります。小さい番号のついている過去の取引をまとめたブロックほど前に、大きい番号のついた最新の取引ほど後ろに連なっていきます。

ブロックは時系列となっており、間に別のブロックが入ることはありません。必ず、その時の最新のブロックが一番後ろに追加されていきます。このように取引内容のデータを約10分単位でいくつものブロックに分け、時系列順に連ねたものがブロックチェーンの記録様式です。

もう少し従来のデジタルデータとの違いをイメージしやすくしてみましょう。取引の記録方法として現在最も一般的なのは、先の例にもあげたエクセルファイルです。

エクセルファイルの場合、時系列順に取引を記録していこうとすると、取引時間を一番左の列に設定し、その時刻を全体のソート順として上から順番に記録していくようなファイルを用意することになるでしょう。データを新たに更新する際には、新しい取引を新規の「行」として追加していくイメージです。

一方、ブロックチェーンでは全体のファイル更新を「シートの追加」によって行います。

◆一般的な取引管理

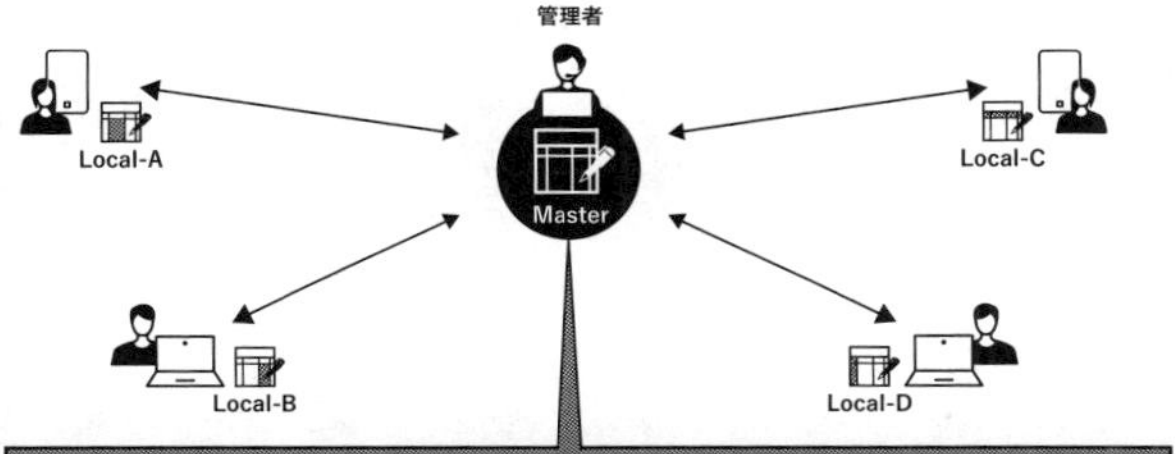

Master

日時	取引先	金額	……
05/01 14:01	A→B	$1,000	…………
05/01 14:12	B→C	$3,000	…………
05/01 14:23	C→D	$2,000	…………
05/01 14:33	D→A	$5,000	…………

◆ブロックチェーンでの取引管理

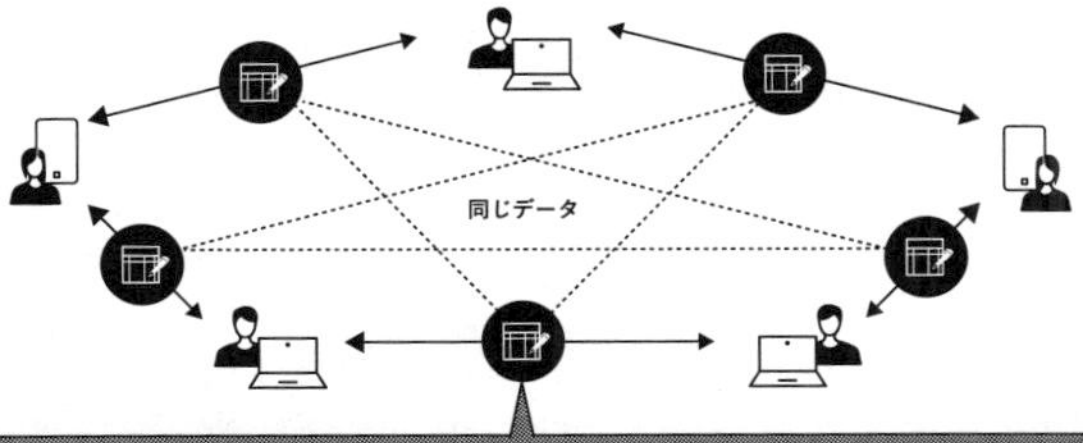

暫定メモ | 14:40-14:50 | 14:30-14:40 | 14:20-14:30 | 14:10-14:20 | 14:00-14:10

日時	取引先	金額	……
05/01 14:41	A→B	1,00BTC	…………
05/01 14:42	B→C	3,00BTC	…………
05/01 14:43	C→D	2,00BTC	…………
05/01 14:45	D→A	5,00BTC	…………

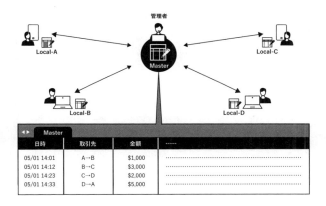

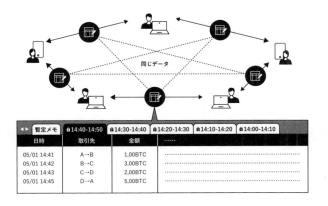

先ほど説明した「ブロック」は、いわば新しいシートのようなもので、データの更新はシートの新規作成によって行われます。そして一度作成されたシートは、以降更新されることはありません。

ファイル内には、「まだ正式にシート化されていない取引を暫定的に集めるメモシート」と「すでに追加され、以降手を加えられることのないシート群」が存在しています。新しくシートを追加する際には、暫定取引を集めたメモシートから予《あらかじ》め定められた優先順位に沿って、一定量の取引を新規のシートに転記していく作業を行います。

行を追加すればいいだけの通常のファイル更新に比べて、ややこしい作業が行われていますが、これはなぜでしょうか？

管理者を持たない「P2Pネットワーク」でデータを共有する

まず、特定の誰かが管理しなくてもデータを共有できる状態を考えてみます。

従来のサービスでは、そのほとんどが集中型、つまり管理者前提のシステムで成り立っています。

例えば、Facebook(フェイスブック)ではユーザーの投稿や写真は全ていったんフェイスブックの管理するサーバーにアップロードされ、そのサーバー内のデータをフェイスブックユーザーが参照することで、全てのユーザーが同じデータを閲覧できるようになっています。Dropbox（ドロップボックス）のようなファイル共有ソフトでも同様です。ユーザーのファイルはドロップボックスが管理するサーバー内にアップロードされ、それをユーザーが参照することでデータを利用することが可能になります。

データの管理者の役割はデータを安全に保存し、そこへのアクセス権を利用者に提供し続けることにあります。この管理者がいなければ、保存していたはずのファイルがいつの間にか消失していてもおかしくはありません。

これに対し、ブロックチェーンは、データが安全に保存された状態を管理者抜きで実現するために、P2P（Peer to Peer）ネットワークでのファイル共有という手法を採用しています。

P2Pネットワークは、複数のデータ保管者の間でデータを高速かつ効率的に転送しあい、ネットワーク全体でデータが失われないように保存するという発想の技術です。

1台のサーバーが多数の端末に提供するサービスが主流だった2000年頃において、革新的な仕組みとされ「Winny」などでも利用されています。


なお、このデータ保管者のことを「ノード」と呼びます。ノードは取引データのかたまりであるブロックチェーンを、自己の保有するサーバー内でそれぞれ保有します。そして複数のノードが、ブロックチェーンを保有しています。そのため、1つのノード内でデータが消えてしまったとしても、同じデータを持つ他のノードがすぐさま代わりを果たすことができ、ネットワークが維持されます。

これがもし中央管理者だけで一括管理している場合だと、中央管理者が保有しているデータが紛失してしまうと、全てのデータが失われてしまいます。

つまり、複数のノードがいるからこそブロックチェーンのデータは失われずに保存されており、ノードがゼロにならない限り、データが完全に紛失することはありません。

例えば、会社の共有サーバーに全てのファイルを保管している場合、システムトラブルでそのサーバーがダウンしてしまえば、その日は一日業務を行うことができなくなります。

P2Pネットワークの場合は、従業員それぞれが自分と他の従業員の持っているファイルをお互いに同期しあい、誰かのPCがダウンしてもファイルが復元できるような状態を常に維持しているような状態です。

ビットコイン・ブロックチェーンの場合、先ほどの「取引履歴記録エクセル」が、世界中のコンピュータ間で常に送受信され続けているとイメージしてみてください。

更新内容は「ブロック」にまとめ前後に繋げて時系列を明確にする

特定の管理者がいるファイルの共有サーバーを使わず、参加者がファイルを各々で更新しながら、他の参加者とデータを共有しようとすれば、参加者ごとのデータに自ずと違いが生じるでしょう。

するといつの時点の、どの状態が、最新の確かなデータなのか、なにが疑わしい更新なのか、全く判断がつかなくなってしまいます。

それを防ぐため、ブロックチェーンの場合は「一定期間ごとに情報を確定させ取りまと

◆暫定メモを一定時間ごとに新しいシートへ転記

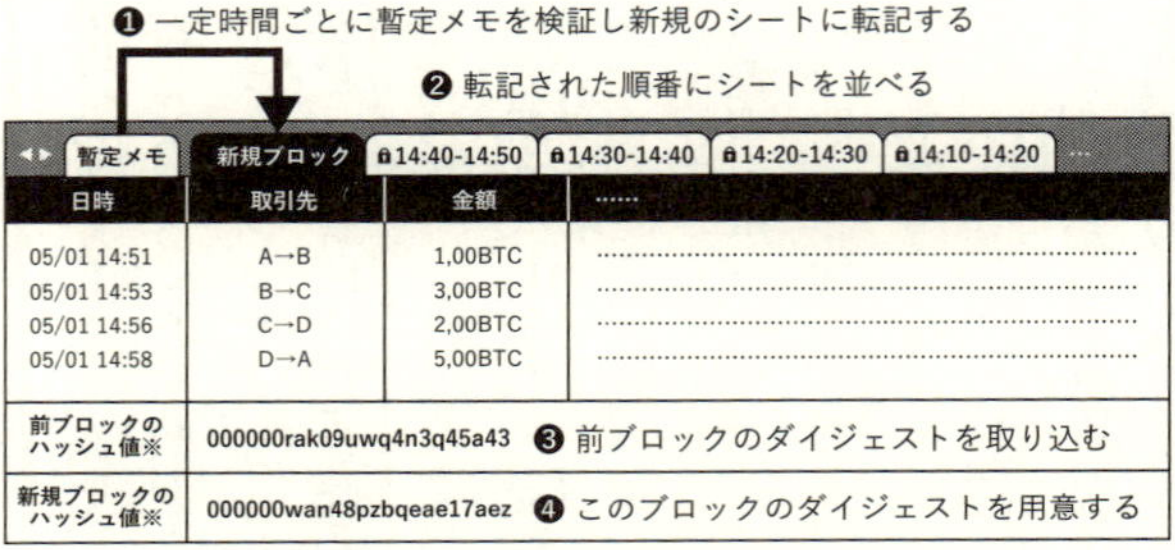

❷ 転記された順番にシートを並べる

暫定メモ	新規ブロック	🔒14:40-14:50	🔒14:30-14:40	🔒14:20-14:30	🔒14:10-14:20
日時	**取引先**	**金額**	......		
05/01 14:51	A→B	1,00BTC	....		
05/01 14:53	B→C	3,00BTC	....		
05/01 14:56	C→D	2,00BTC	....		
05/01 14:58	D→A	5,00BTC	....		
前ブロックの ハッシュ値※	000000rak09uwq4n3q45a43	❸ 前ブロックのダイジェストを取り込む			
新規ブロックの ハッシュ値※	000000wan48pzbqeae17aez	❹ このブロックのダイジェストを用意する			

※ハッシュ値＝データをひとまとめにし、要約することで得られるダイジェストのこと

める処理」を行い、時系列に一貫性を持たせようとします。

この取りまとめに当たるのが先の例におけるシートの新規作成作業であり、技術的には「ブロック追加」という処理になります。

ファイルの利用者は全員が取引ログを暫定的に全て記録されるメモシートに情報を追加していきます。次に、その中で妥当と思われるもの、優先順位の高いものを新規の確定シートにまとめます。

同時に直前のシートから自動で出力されるダイジェストの値を入力し、それを踏まえた新しいダイジェストの値を出力します。

これを行う理由は、シート間の関連性と時系列をはっきりさせるためです。このようなファイルであれば、複数人で共有していても過去の取引の時系列や、どれが暫定情報と確定情報なのかについて混乱を防ぐことができるようになります。

ここでいう確定シートにあたるのが「ブロック」、取引の暫定メモが記録されるシートは「mempool（一時記憶プール）」と呼ばれ、ブロックとともにノード間でリアルタイムに共有され続けています。


ところが、このような取りまとめ作業を行ったとしても「新規のシートが本当に正しい内容か」を誰がどのように判断すればいいかは不明のままですし、新規のシートを誰が作成するかをめぐってさまざまなトラブルが生じます。

具体的には、「２０２１年5月１日 14:50-15:00」のシートが同時に複数作成されるかもしれません。さらに「２０２１年5月１日 14:50-15:00」のシートに、過去の取引とは全く整合性の取れない本来あり得ない取引が紛れ込む可能性もあります。また、いつの間にか「２０２０年12月１日 12:30-12:40」のデータが書き換えられているかもしれませんし、「２０２１年5月１日 12:30-12:40」のシートが誰にも作成されない可能性もあります。

これらの問題を解決するために、ブロックチェーンでは「暗号学的ハッシュ関数」と、それを活用した「Proof of Work」というコンセンサス・アルゴリズムが組み込まれています。

ハッシュ関数でデータを暗号化する

ビットコインやブロックチェーンを支えているのは高度な暗号化の技術である、というのは皆さんもご存じかと思います。そのうち、ブロックチェーン技術に大きく貢献しているのが「暗号学的ハッシュ関数」という技術です。

そもそも、暗号とは、元の情報（入力値）を全く予想できない別の情報（出力値）に変換する仕組みです。ハッシュ関数を用いた場合も、その名のとおり、出力値からの入力値を逆算することが極めて困難となります。また、この際に出力される値のことを「ハッシュ値」と呼びます。ハッシュ関数には、次の2つの性質があります。

■同一の入力からは同一の出力、異なる入力からは異なる出力となる

例えば、太郎さんが送ったデータAが、花子さんの手元で解凍されデータBとなったとき、データAとデータBの間で改ざんが加えられているかどうかを確認する際に、ハッシュ関数を利用します。この時、データAとデータBが完全に一致するデータであれば、そ

れぞれのハッシュ値Aとハッシュ値Bも一致することになります。しかし、少しでも改変が加えられた場合は、ハッシュ値Aとハッシュ値Bは全く異なる文字列となります。

■任意の長さのデータを、固定の長さに圧縮できる

データAとデータBが非常に大きなデータであった場合、完全に一致するかどうかを検証する際にハッシュ値Aとハッシュ値Bが長い文字列では困ります。そのため、ハッシュ関数の出力値は短く固定の長さに圧縮することができます。

例えば、ビットコインでよく使われる「SHA-256」というハッシュ関数を用いると「てんき」は「50a4703f7ab83bb3f28eba87e57f1c6f9c988afbd863db1386b5b0cd2c3bbf7e」となり、「でんき」は「411267d6b645e1c11ed11cf8c466f05b909b10755fec4d646ac983dde240fe16」と、同じ長さの全く異なる文字列になります。

ハッシュ関数は、ブロックチェーン上の口座作成や取引（トランザクション）の作成、トランザクションの作成者の本人確認に用いられています。最も特徴的な使われ方をしているのが、次に説明する「ＰｏＷ（Proof of Work）」というコンセンサス・アルゴリズムです。

確からしいブロックを決めるコンセンサス・アルゴリズム「PoW」

「コンセンサス・アルゴリズム」とは合意形成の仕組み、つまり「みんなが正しいと納得しあうための手続き」を指します。ビットコインにおいて用いられているコンセンサス・アルゴリズムが「PoW（作業による証明）」です。

先のエクセルシート共有の例では、一定時間ごとに新しいシートを追加し、適宜共有していくことでファイルの更新履歴に時系列順の一貫性を持たせようと試みました。これに加えて、ハッシュ関数を活用した次の2つのルールを設定することで、ファイルの更新に確からしさを担保しています。

第1のルールは「全てのシートの先頭行に、直前シートの情報を暗号化したダイジェストの値を入力しないといけない」というものです。

ダイジェストの値を計算時に用いる関数の名前から「ハッシュ値」と呼び、シートの情報をハッシュ値に圧縮することをハッシュ化と呼びます。これにより、最新のブロックが過去のブロックの内容を正しく引き継いだものかどうかをひと目で確認できます。

もし仮に、過去のブロックの一部分を書き換えてしまったノードがいた場合、そのブロック以降の全てのハッシュ値が他の人の所有しているハッシュ値と全く別物になってしまいます。そのため、不正が行われた時点を特定し、間違いをただちに指摘することができるようになります。

第2のルールは「各シートのハッシュ値は、一定の長さの0（ゼロ）が並んでいなくてはならない」というものです。

一見するとなんのためにあるのか分からないこのルールは、実はブロックチェーンのセキュリティの根幹となる役割を果たしています。

まず、素直に直前のハッシュ関数によって得られる値を導いてみましょう。この時、新たに作成するブロックには多数のトランザクションの情報が含まれているため、無作為な文字列がハッシュ値として導かれることになります。

しかし、第2のルールがあるおかげで、このハッシュ値のままでは、正式な新規ブロックとして認めてもらうことができません。

◆ナンス値＝ハッシュ値だけを調整するための数字

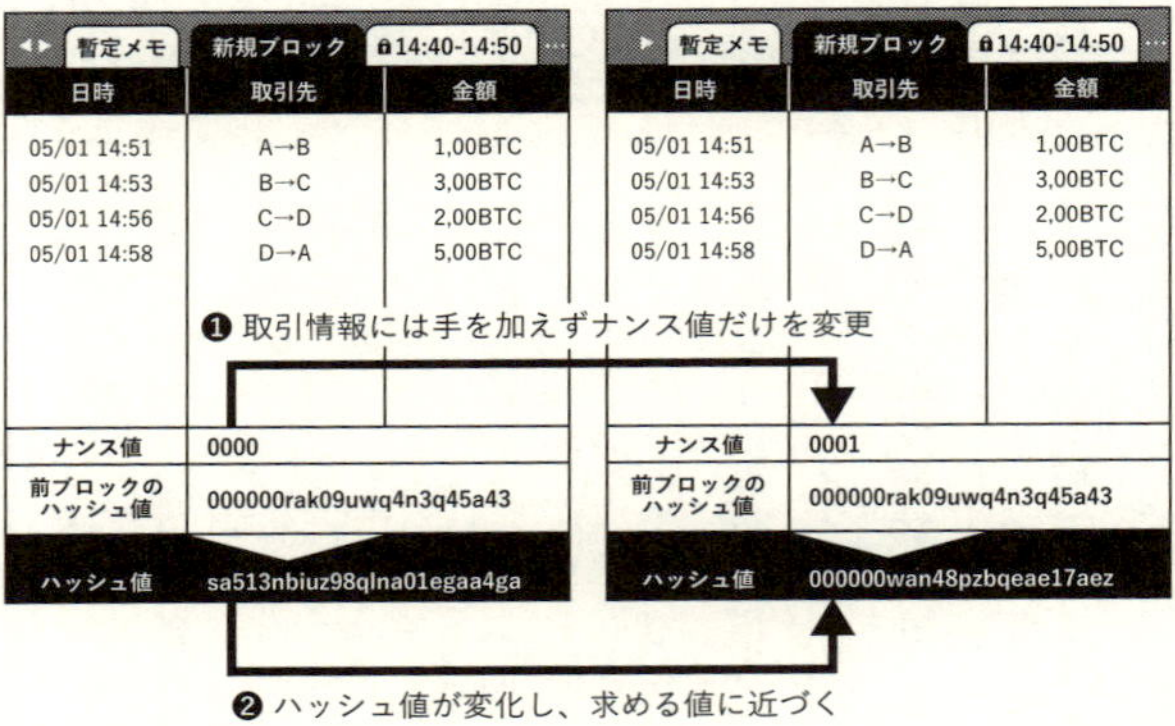

では、トランザクションの内容を変えずに、新しいブロックを追加するための適切なハッシュ値を導くにはどうすればいいでしょうか。

この方法の1つに、あらかじめハッシュ値を微調整するためのデータを入れておく、というものがあります。

ハッシュ値は元の値が少しでも変化した時は別の数値に変化するので、値を調整するための使い捨ての情報を入力できるようにしておけばいいわけです。

この使い捨ての情報のことを「nonce（ナンス値）」と呼びます。例えば、ナンス値が0のとき「sa513nbiuz98qln…」だったハッシュ値は、ナンス値を1に変更するだけで「000000wan48pzbqea…」と全く異なる値に変化します。

ところが、求める数値からナンス値を逆算することはできません。そのため、一定の条件を満たすハッシュ値を得るには、総当たり式にさまざまなナンス値を入れ替え、ハッシュ値の計算をくり返す必要があります。新しいブロックを作成するためには、「先頭に一定の長さの0が並ぶ」という条件を満たす数値を見つけ出す作業をクリアしなくてはならないのです。

この第2ルールによって、ブロックチェーン上に存在する全てのブロックは「膨大《ぼうだい》な計算の結果見つけられたナンス値があって初めて作成されたもの」となります。

また、過去のブロック内の取引を改ざんしようとすれば、そのブロックのハッシュ値を調整するために必要なナンス値を計算し直す必要がありますし、それ以降に必要となるナンス値もゼロから計算し直さなくてはなりません。

当然、この新しい値を見つけ出す作業にも膨大な時間がかかりますから、一度でも過去のブロックに手をつけてしまうと、他の人が更新している最新のブロック作成作業に追いつくことができなくなります。

一方、ビットコインのブロックチェーンでは「最も長いチェーンを正とする」という基準が設けられており、全てのノードは一番長くブロックを繋げているチェーンを常に探し、その情報と同期を取りあっています。

これにより、「最も長いチェーンは一度も改ざんを受けたことがなく、適切に作成されたブロックが記録されている」という合意を形成することが可能になります。これがProof of Work、すなわち「作業による証明」の仕組みです。

世界中のどこにも特定の管理者がおらず、どこにもマスターファイルが存在していないにもかかわらず、バラバラのノードが単一の「ビットコイン・ブロックチェーン」を保持できる理由はここにあります。Proof of Workという合意形成の仕組みによって、全てのノードが「どれが正しい情報か」をひと目で確認できるからなのです。

新規ブロックを追加したノードが得られる「マイニング報酬」

ここまで「ブロックを作成するためには膨大な計算を行わなくてはならない」と説明しましたが、いったい誰がこの面倒な作業に取り組むのでしょうか。

◆マイニング報酬＝システムから自分宛ての新規送金

暫定メモ	新規ブロック	🔒14:40-14:50
日時	取引先	金額
05/01 14:51	A→B	1,00BTC
05/01 14:53	B→C	3,00BTC
05/01 14:56	C→D	2,00BTC
05/01 14:58	D→A	5,00BTC

採掘報酬	システム→自分	50BTC
ナンス値	0001	
前ブロックのハッシュ値	000000rak09uwq4n3q45a43	
ハッシュ値	000000wan48pzbqeae17aez	

❸ ブロックが一番長く繋がっている＝正当と判断し❷に同期する

計算は、コンピュータ上で機械的に行われますから機材投資が必要です。また、コンピュータを動かす以上は電力も必要になります。しかし、この作業が行われないかぎり、新しいブロックは一向に追加されず、ブロックチェーンは停止してしまいます。

この問題を解決するため、ビットコインでは「ブロック作成を行ったノードに報酬を与えることで計算に参加させる」というアイデアが採用されました。

ここでいう報酬とは、「ブロックチェーン上に予め設定された残高から、一定金額を自身の口座に送金できる」という権利です。そして、この口座に振り込まれる残高がビットコインなのです。

国際決済銀行の総支配人であるアグスティン・カルステンス氏はビットコインのことを揶揄《やゆ》して「メガ数

独のようだ」と表現したことがあります。

数独とは空欄に数字を手探りで当てはめていくパズルのことです。新聞や雑誌などで懸賞品とセットに掲載されているのを見たことがある方も多いかと思います。懸賞品を提示することでパズルに取り組ませてインセンティブを与えるという、シンプルですが非常に効果的なアプローチです。

ビットコインに限らず、数学を始めとするさまざまな分野では未解決の数学的難問に懸賞金がかけられています。真理の探求のために、懸賞金で人を惹《ひ》きつけるというのはさまざまな分野で採用されている手法です。

ビットコインの場合も同様です。ネットワークを維持するために必要な競争を設け、その競争で得られるものをネットワーク内の残高として発行することで、記録を正しく維持し続けることが可能になりました。

また、ビットコインはブロック作成に伴う報酬以外のかたちで新たに発行されることはありません。誰かの手元にあるビットコインは、誰かがブロック作成を行い、その報酬として受け取ったものが回りまわってきたものです。

このように、総当たりの計算を通じて、ネットワークを維持する希少な資源（ナンス値）

を発見し、それを自身の資産とする行為は、金の採掘などに例えられ、「マイニング」と呼ばれており、これに参加する作業者を採掘者、「マイナー」と呼びます。

なお、初期はブロックを生成するたびに50ＢＴＣ（２０２１年5月段階のレートで約2億円相当）の報酬がマイナーへ支払われていましたが、ビットコインの場合はマイニング報酬が約4年おきに「半減期」を迎えるよう設定されています。２０１６年夏には25ＢＴＣから12・5ＢＴＣに半減し、２０２０年春にはさらに6・25ＢＴＣに半減しています。そして、最終的には、２１４０年ごろにマイニング報酬が0ＢＴＣとなります。

報酬がなくなると、マイナーがマイニングをやめてしまう恐れがありますが、マイナーの受け取れる報酬がもう１つ存在します。

それは、ビットコインを送金する際に利用者が支払う手数料です。この手数料はチップのようなもので、送金の際にネットワークの利用者によって支払われます。

同時に手数料はブロック作成時にマイナーの報酬となるため、マイナーは手数料の高いトランザクションから、優先的にブロックへデータを取り込んでいきます。

新規発行報酬が完全に枯渇《こかつ》する１００年後には、ビットコインの供給量の減少に伴う価格の高騰や、ビットコインの取引量自体が増加することで、送金手数料だけでも十分な報酬となることで、引き続きマイナーが参加するだろうと考えられています。

ビットコインの革新性とは？

さて、ここまでビットコインというブロックチェーン技術の活用事例をご紹介し、基本的なブロックチェーンの仕組みについて解説してきました。ここからは、あらためてビットコインの革新性について、その設計を振り返ってみましょう。

まず最初に、ビットコインが革新的だといわれるのは「どこにもマスターとなるファイルを置かない」という点です。

特定のサーバーなどに、管理者権限を持たせてファイルを更新していくのではなく、前出のP2Pネットワークという、インターネット上でのデータ共有技術を利用してファイルを保全しています。

次にP2Pネットワークで、ファイルがバラバラに扱われてしまうことを防ぐことが必要です。そこで取引を1つひとつ追加していくのではなく、一定量の取引をブロックというかたまりにして順番に確定させていく、というデータ構造を採用しています。

そして、ブロックの追加時にはハッシュ関数を用いてます。これにより過去のブロックと新しいブロックとを繋ぎ合わせるとともに、データが遡《さかのぼ》って改変されることを防ぐため、ブロック同士の繋がりを強固にするパズルを仕掛けます。

さらに、このパズルを解く作業を「誰もやりたくない作業」ではなく、「誰もがやりたい作業」にするために報酬を設定します。

これらの巧妙な仕掛けにより、本章冒頭で登場した「エクセルファイルの管理者」を特定の誰かに固定しなくても、正確な取引の記録を残していくことが可能になっています。ビットコインが叶えようとした理想も、このような「特定の誰かに依拠することなく、正しい記録を残すこと」にあります。

ビットコイン論文が匿名の人物〝サトシ・ナカモト〟によって公表された2008年、世界はリーマンショックの只中にありました。

リーマンショックとは、アメリカの投資銀行であるリーマン・ブラザーズ・ホールディングスが2008年9月15日に経営破綻したことに端を発して、連鎖的に世界規模の金融危機が発生した出来事です。リーマン・ブラザーズの破綻の背景には、サブプライムローン問題に始まる不透明な損失を銀行がひた隠しにしてきたという事情がありました。

ビットコインはこの問題に対するアンチテーゼとして生まれた、とも語られています。

2009年ビットコイン・ブロックチェーン上に最初に刻まれたトランザクションには「ザ・タイムス 2009年1月3日 英財務大臣が銀行救済のため二度目の公的資金注入の瀬戸際にいる」という趣旨の文章が刻まれています。

これはロンドンタイムスの見出しからコピーされたもので、そこには銀行という巨大なエクセル管理者と、それを救済しようとする国家、つまり法定通貨の発行体を揶揄する意図が読み取れるでしょう。

ブロックチェーン技術が示唆した4つの可能性

ブロックチェーンは、ビットコインを実現するために考案された技術ではありましたが、同時に情報通信産業に関わる人間に、次のような可能性を示唆しました。

① 障害やエラーに強い分散ネットワークの可能性

第1に、ブロックチェーン上に記録された情報はネットワークの参加者がいる限り、世界のどこかに必ず存在しています。その一方で、どこにもマスターが存在していないため、ダウンさせれば全体の機能が停止するようなポイント、いわゆる単一障害点を持ちません。「社会全体に関わるようなシステムが1つの障害で停止してしまう」といったリスクを軽減する、ダウン耐性の強いシステムが構築できるようになりました。

② 不正や改ざんに強い記録システムの可能性

第2に、ブロックチェーン上に記録された情報は合意形成の仕組みによって、過去に遡って削除したり改ざんしたりすることが非常に困難です。その権限を有する管理者もいませんから、少なくともネットワークの参加者のうち半数以上が、過去の記録を書き換えることに同意し、それを受け入れなくてはなりません。

このように、過去に起こった出来事に対して確からしさを担保することのできる記録システムが実現可能になりました。

③網羅的で透明性の高い追跡システムの可能性

第3に、ブロックチェーン上に記録された情報は、そのデータ構造によって過去に遡って検証することが容易です。

例えば、私が受け取ったビットコインは誰がいつマイニングしたものかをいつでも検証することができます。これは、ブロックチェーン内で行われる記録の更新作業が、基本的に過去に記録された情報を根拠に行われるからです。

ブロックチェーン上で生じる出来事は、ハッシュ関数によって圧縮を繰り返しながら常に最新のブロックに反映されており、現在と過去の出来事の関連性を紐解くことが容易という性質を持っています。

これは情報の追跡性（トレーサビリティ）を高めることができるのではないか、という可能性を秘めています。

④オープンで疎結合なシステム連携の可能性

第4に、ブロックチェーンは、インターネットのように相互に接続しやすいデータの表現方法を採用しています。

例えば、World Wide Web、俗に言うインターネットはIPアドレスを通じ、世界中のあらゆるサイトが同じ表記手法のアドレス（住所）を持っているため、ハイパーリンクによる相互の接続が可能です。同様に、ブロックチェーン上の口座はインターネット同様のアドレスという概念が採用されています。

さらに、ネットワークが世界中で共有されていることから、ブロックチェーン上に存在する複数のサービスを相互に接続することが従来の手法に比べて比較的容易に実現します。

これら4つの可能性を一言でまとめたのが〝デジタルとアナログのいいとこ取り〟です。

ビットコインを代表とする「仮想通貨」「暗号資産」というキーワードからブロックチ

ェーンを知った方からすると、「完全にデジタルでバーチャルだから〝仮想〟通貨なのでは？」と疑問を持たれるかもしれません。しかし、アナログな「モノ」は簡単に消えてなくなりませんし、一度かたちを変えてしまうと簡単には元に戻せなくなります。証拠としても効力を持ち、どこにでも持ち運ぶことができます。

ビットコインはデジタルデータでありながら、このような性質を持っているため、物質としての金になぞらえて「デジタル・ゴールド」といわれています。

歴史が証明するブロックチェーン技術のポテンシャル

私が「ブロックチェーンが世の中に大きなインパクトを与える技術である」と考えるに至ったのは、ビットコインに出会った瞬間ではなく、その本質的な仕組みが「誰か特定の存在に依らず情報を記録する技術である」ということを理解した時でした。

そもそも「記録」とは、この世の中で起きた出来事を、他者に伝えるために、なんらかの媒体に写し取っていく行為であり、コミュニケーションの一手法です。また、私たち人類はコミュニケーションの技術を駆使《くし》して社会を形成してきた動物です。そのため記録の技術というのは、これまでも私たちの社会を大きく変革させてきました。

「文字」というテクノロジーを扱えること自体が、歴史上とても貴重な能力だったことを私たちはしばしば忘れてしまいます。人類史における4大古代文明には「文字の発明」という共通点があります。

情報を伝えるためのフォーマットを「文字」として体系化し、それをなんらかの媒体に記録することによって、それまで村落単位で生活していた先史人類を「国家」という単位まで拡大することに成功しました。

また、ヨーロッパのルネサンス期における3大発明には「活版印刷」が含まれています。これも、聖書から新聞などのメディアへと発展していくにつれて、正しい情報の流通範囲と流通速度を加速させ、人々の思想や価値観に大きな影響を与えています。

文字を用いてなにかを「記録」する、という行為は、人間の生活に必要な衣食住に直接的に寄与しない営みです。逆にいえば、物書き業はもちろんのこと「文字を用いてなにかを記録する役割」は、高度に役割分担が進んだ社会の中でしか、存在し得ない職業です。

こうした特権的な人間は専門の教育機関で識字能力を習得し、官僚として国家や共同体運営の中枢を担っていました。メソポタミア文明の書記、古代ローマの神官、中国の科挙など、文字の読み書きができる、ということそのものが、限られた一部の人間にだけ許された特殊能力だったのです。

記録の保管についても同様に限られた営みです。また、私たちが触れることのできる歴史とは「勝者の記録」でもあります。古来から王朝や文明が新たに樹立される時には、それに敵対する勢力を貶《おとし》める内容の記録が残されています。

王朝が打倒される際には、その王朝にまつわる記録が消去されることもあります。「過去になにがあったのかを記録し保存する」という行為は、一部の専門技術者とそれを雇用する権威が、社会を維持するという目的のもとでコストをかけて行う営みだったのです。

こうした前提が、近代以降に入り2度のイノベーションで塗り替わってきました。1度目は産業革命期における活版印刷、2度目はIT革命期のインターネットです。

15世紀半ばにヨハネス・グーテンベルクが考案し実用化に成功した、金属活字を使った印刷術、活版印刷の技術は中世における最も重要な発明の1つです。活版印刷は、ルネサンス、宗教改革、啓蒙時代、科学革命の発展に寄与したと言われていますが、功績として特筆すべきは、識字率の向上と記録された情報の大量生産でしょう。

これにより、出来事や考え方を、すぐさま文字情報に写し取り、すばやく大量の人間に伝えることができるようになりました。これは印刷業・出版業の始まりであり、記録の作成者と閲覧者を大幅に増やすことになります。

また、20世紀最後に普及したインターネットは、既存のインフラであった電話線網を用いて遠隔地のコンピュータ同士の通信を可能にしました。記録の作成と流通を活版印刷以上に分散化させることに成功したのです。

ところが、ここでやり取りされる大量のデータを破綻なく処理するために、通信内容を集約し記録していくサーバー、つまり記録の管理者が必要となりました。現代において記録の管理者として大きな力を有する存在がＧＡＦＡ（ガーファ）のような巨大プラットフォーマーです。彼らは大量の情報をビッグデータとして活用し、巨額の利益を得ています。

かつて、活版印刷が庶民に情報を手にする機会をもたらし、インターネットが情報発信の機会を与えたように、ブロックチェーンは誰もが確かな情報を記録し利用できる機会を与える存在となるでしょう。

次章では、確かな情報を記録する力が最初に発揮された「価値の記録」の領域で、ブロックチェーンがどのように利用されているかを解説します。

第2章　価値の記録媒体としてのブロックチェーン

～ビットコインからＮＦＴまで～

electronic "cash" system

「ブロックチェーンは、〝デジタルとアナログのいいとこ取り〟をする技術」という話をしました。このことについて、ビットコインを例にしてもう少し詳しく説明します。

2008年に公開されたビットコインの論文名は「Bitcoin：A peer-to-peer electronic cash system」でした。ここで重要なのは、money（お金）でもなく、currency（通貨）でもなく、cash（現金）という言葉が使われている点です。

現金というのは、私たちが普段財布の中に入れている1万円札や100円玉のような貨幣のことです。小学生でも利用しているほどありふれた現金ですが、実はお金の分類の中では非常に特殊な性質を持っています。

現金の最も直感的な性質は、払い手と受け手だけで取引が完結する、第三者を介する必要がない、というものでしょう。

例えば、口座振込を用いて支払いを行う場合、払い手と受け手双方の利用する銀行が取引を仲介することになります。

○○Ｐａｙ（ペイ）といった名称の決済アプリを利用する場合には、アプリ会社やアプリに登録した銀行、クレジットカード会社など、支払いが完了するまでにさまざまなステークホルダーが関与します。

これに対し、現金は間に誰も介在せず、払って終わりの非常にシンプルな支払い手段です。ここには自分の「支払い行為」を誰にも知られず、誰にも邪魔されない、という意味を持ちます。裏金や不正献金というと現金入りのアタッシュケースが思い浮かびますが、これは誰にも知られたくない、邪魔されたくない取引に現金が適しているからです。

また、現金は決済完了性を持っています。これは１度決済が行われてから、それが取り消されることがないということです。例えば、クレジットカードは不正利用などの際にあとから利用を取り消すことができます。一方、現金の場合、財布を盗まれてお金を使われてしまうと、そのお店に行って「それはもともと自分の財布に入っていたお金なんだ」と訴えても取り返すことはできません。

日本円においては、決済完了性を持つのは現金と日銀当座預金という中央銀行が提供する仕組みしかありません。通常預金でさえ究極的には、日銀当座預金への支払い指示でしかなく取り消しが可能です。しかし、現金は１度受領された時点で両者間の決済が完了してしまい、第三者が覆《くつがえ》すことができなくなるのです。

この2つの特徴を再現するために、ビットコインは、ブロックチェーン技術を採用しました。

第三者を介さないという点について、主に「特定の管理主体が決済時の処理を全て担うことはない」というかたちが取られています。少なくとも、ビットコインの支払いは当事者の意思表示のみによって行われ、銀行やクレジットカード会社のような管理主体が介在することはありません。他方、トランザクションの検証やブロック追加を行うノードやマイナーがいるという点で、厳密には「第三者がいない」ではなく「特定の管理者に依存しない」というかたちで現金らしさが再現されています。

決済完了性については、あとからその決済をなかったことにするのが極めて困難ということを追求しています。

しかしながら、当事者間で決済の意思表示（トランザクション発行）が行われた瞬間ではなくブロックに追加される必要があるということや、ブロックの書き換えを行う難しさがハッシュ計算の確率上、数学的に極めて低いということで、厳密には書き換えが完全に不可能というわけではありません。

これは、ビットコインの決済利用時における課題として残されることになりました。

いくつかの留意点がありながら、ビットコインはデジタル化が非常に難しかった「Cash（現金）」のデジタル化にチャレンジし、ある程度の成功を収めました。このケーススタディを踏まえて「どうやらブロックチェーン上では現金のような〝価値〟のある存在を表現できるらしい」という新たな気づきが生まれることとなります。

お金の本質は「交換が可能な引換券」

そもそも、私たちがお金を大切に思うのはなぜでしょうか。どうしてお金を当たり前に受け取り、支払うことができているのでしょうか。

経済学の古典的な命題に「価値のパラドクス」があります。これは、有用性の高いものが必ずしも価値を持って取引されるわけではない、という概念です。

例えば、水は生きていく上で必要不可欠なものですが、川に行って汲《く》めばタダですし、自動販売機でも他の飲料品よりも安価で売られています。一方で、高額で取引されることの多い貴金属は生きていく上で不要なものですし、常日頃お金として利用される紙幣に至っては紙切れにすぎません。ところが、人類の歴史上、お金として利用されてきたのは前者ではなく後者です。これはなぜでしょうか。

結論からいうと、前者は「交換の媒介」として用いるのに適しておらず、後者は適しているからです。

「交換の媒介」とは、一般的にいわれている、お金の持っている3つの機能の1つです。これ以外には「価値の尺度」「価値の保存」の2つがあります。

交換の媒介となる条件は、あるモノと別のなにかを交換する際に仲介する機能を果たすことができるか、ということです。例えば、現代においては、日本銀行券を手渡せば他人が作った物や他人の提供するサービスを受けることができます。「地域共通券」のような自治体発行の紙券も各地域で取引に利用されています。逆にかつてはお金としての地位にあった、金塊やお米をコンビニでお金として利用することはできません。

これらは確かにそれ自体は価値を持っているものの、現代社会において、交換の媒介としては認められておらず、実際に利用されてもいません。このように、サービスの対価として利用できることはお金の重要な機能であり、同時に成立条件ともいうことができます。

次に「価値の尺度」とは、あるモノと別のなにかを交換する際の交換比率を正確に表現することができるか、ということです。

価値というのは、当事者それぞれの主観に左右されるものです。例えば、自分が持っているリンゴと相手が持っている魚を交換したい時、リンゴ何個と魚何匹が釣り合う価値を持っているのか、交換の比率を可視化して合意に至る必要があります。この比率を分かりやすくするために、リンゴ1個あたりの価値は80円、魚1匹の価値は200円と、価値を共通の尺度で表現する機能が求められます。

具体的には、均質で、小さく、分割や統合で価値が増減しない「単位」として扱えるものが価値の尺度となる上で求められます。

「価値の保存」とは、過去の時点で受け取った価値を、後に利用する時点まで損《そこ》なうことなく保存し続けることができるか、ということです。

例えば、水は放置しておくと蒸発したり、凍ってしまいます。また、野菜や魚といった生モノは腐ったり、虫に食われるなどの可能性があります。そのため、長期間にわたって価値を保存することに適したものがお金として採用されてきました。米などの穀物や、貴金属、紙や電子情報は、どれもこの保存に適した媒体といえます。

この3つは「お金の機能」としてよく紹介されてきましたが、本質的にお金をお金たらしめる必要条件は「交換の媒介」のみです。というのも、価値の尺度を正確に表現することや、価値の保存を長きにわたって維持することができなければ、交換の媒介としての機能を十分に果たすことができないからです。お金とは、究極的には「交換の媒介」としての役割を果たすものを指しているということです。

さて、では「交換の媒介」としての機能を満たすとは具体的にどういった状態なのでしょうか。

これは受け取ったものが不渡り、つまり「他に誰も欲しいと思う人がいない」という状態にならない、ということです。

お金とは、次に受け取る人がいるはずだと、信じることとの連鎖によって成り立っているのです。ではなぜ、この連鎖が成立するのでしょうか。例として、自分がお金を持っている時、それは自分以外の誰かから、必ずモノやサービスを交換してもらえる「引換券」を持っていると考えてみましょう。モノやサービスの売り手はこの「引換券」を受け取ることを対価に取引に応じます。

その理由は、自分もまた誰かに引換券を利用できるはずだと考えるからです。交換の媒介と聞いてもいまいちピンとこなかった方も「誰に対しても、なににでも交換できる万能引換券」と聞くと途端に魅力的に見えてくるのではないでしょうか。

先ほどの価値の尺度や価値の保存の機能は、この引換券が不渡りになるリスクを軽減するための補助機能の1つといえます。

お金とは究極的には「誰かが受け取ってくれることを前提に流通する引換券」のような存在だと考えられます。

「引換券が受け取ってもらえる」という前提を補強する手法はさまざまです。引換券自体を製造する際に、それ自体を価値のある、例えば貴金属を用いるというのもアイデアの1つです。これは過去に流通した「金貨」や「銀貨」が当てはまります。

また、「納税に使えるのはこの通貨だけです」と王様などの権力者が命令を下すのも1つの方法でしょう。誰もが納税をしなければならない以上、その通貨の最終的な引受人は王様ということになります。

この場合、他国から領民を守る王様に対して市民が支払わなくてはならない対価を引換券に落とし込んでいるような状態です。また、かつての兌換《だかん》紙幣のように「いつでも一定量の金と引き換えることができる」という保証のもとで発行することもできます。

現在、この「誰かが受け取ってくれる」という前提を補強し、市場の安定性を保つために採用されている制度は「国の借金（国債）を中央銀行が購入して発行する」というもので、私たちのよく知る法定通貨がこれに該当します。

私たちが日常的に利用しているお札や硬貨といった法定通貨は、全て国が発行する引換券なのです。そのため、国が債務を履行できなくなる可能性がある時、通貨の価値は大幅に下落することになります。

例えば、ベネズエラでは２０１８年から２０１９年にかけて１７０万％のハイパーインフレーションが発生しました。法定通貨「ボリバル」の価値が暴落し、年末に１００円で買えたものに1年後１７０万円の値札がついたということです。同時に、国民の持っている１７０万円が１００円、17億円が10万円の価値になったということで、ほぼ全ての国民が破産を余儀なくされました。

この根本的な原因は、石油産出力に依存して経済成長に取り組まず、際限なく財政支出を増やしたことにあります。

お金の起源は「記録」

あらゆるお金が引換券であるということから、お金の本質的な役割は「過去になんらかの貸しがあるので、借りを返してもらえること」にあるとイメージできるでしょうか。これは、お金という概念がこの世界に誕生したときから変わっていません。

多くの「お金の本」では「お金とは物々交換の不便さを解決するために、物々交換の代わりとして使うようになったものだ」という説明がされています。「通貨」の歴史について説明を行おうとする場合、貝殻や宝石だったものが紙幣や硬貨に変わったという物々交換のほうがイメージをつかみやすいからでしょう。

しかし、これは「お金」という概念が一般的に普及した現代から、あとづけでその起源を模索するような説明であって、そもそもどうして「お金」という発明が生じたか、そこにどんな発想の転換とアイデアの普及があったかを説明することができていません。

例えば、農家の太郎さんと漁師の花子さんがいたとしましょう。ある日、漁師の花子さんが10匹の魚を捕ってきて、その魚を太郎さんと物々交換したいと考えましたが、太郎さんにはそれに釣り合うだけの対価（例えば野菜など）が手元にないとします。

この時、太郎さんはある日突然「手元に貝殻があるから、これを花子さんに渡して魚を手に入れよう。今度花子さんが貝殻を返してきたら、その時に野菜を渡せばいい」と思いついたとしましょう。でも花子さんにしてみれば、突然貝殻を渡されてもなぜそれを受け取らなくてはいけないのか、全く理解できないはずです。

仮に表向き貝殻を渡して取引を行ったとしても、その背景には「魚に相当する対価が、将来支払われるはずだ」という共通認識がなくてはなりません。つまり、貝殻を用いた価値の交換の前提には、〝ツケ〟すなわち信用取引の考え方があるはずです。

私たちの祖先が狩猟採集の生活の中でも仲間と共同生活が営《いとな》めたのは、「今日の約束が明日果たされることをお互いに信用する」ことが可能だったからで、これが現在のホモ・サピエンスと絶滅した猿人・原人たちとの大きな違いであるともいわれています。

先ほどの太郎さんと花子さんとのやり取りが、表向きは貝殻を介して行われていたとしても「太郎さんが10匹の魚を花子さんからツケで買っている」という貸し借りの記録代わりに、お互いの了承のもと貝殻という目印が用いられているにすぎません。

重要なのは、約束や信用を通じて「今、目の前にないものを交換する」という素朴なコミュニケーションだったということです。


実は、近年の研究によって、穀物や毛皮といった物品貨幣以前から、取引台帳を用いて大規模な交易活動やお金のやり取りが実現していたことが分かってきました。

この取引台帳を成立させたのは、文明の成立条件の1つであった「文字」でした。古代メソポタミア文明では、人類史上初の都市と官僚制度が発展しました。都市と官僚制度がある、ということは徴税の仕組みが不可欠です。そして、このような高度な社会を維持・統治するために、本質的には現在と変わらぬ会計制度が存在していました。

貨幣の誕生する紀元前670年ごろから2500年以上遡る紀元前3100年ごろには、粘土板におはじきのようなマークを型押しして数を記録する仕組みが成立しています。この粘土板が原初のお金、つまり貸し借りを記録する台帳として、都市国家内での経済を成立させていました。

メソポタミア文明の場合は、神官でもある会計記録人と彼が記録する取引台帳をハブ（やり取りの中継器）にして、さまざまなモノやサービスが信用取引で売買され、貨幣なしの都市生活が成立していました。まさに銀行のような存在が、この時代からあったのです。

「お金」や「価値」の大部分は記録

大半の方がお金と聞いてイメージするのは、確かに紙幣や硬貨といった現金かもしれません。しかし、現在の社会において実物として出回っている現金は、全体の1割にも満たないのです。

例えば、今この本を読まれている皆さんのうち、毎月の給与を現金で受け取っている人はほとんどいないでしょう。一般的に給与支払いで利用されているのは銀行預金です。

昭和40年代に生じた三億円事件をきっかけに給与振込制度採用の機運が高まり、昭和49年に国家公務員の給与振込導入決定以降、一気に普及したといわれています。そして、この振込という作業は、銀行が管理する台帳上の口座残高という記録です。

また買い物に行く際も、昨今のキャッシュレス決済の普及を受け、クレジットカードや○○Ｐａｙといったサービスを利用している方も増えたかと思われます。世界的には、日本はまだまだ現金決済が多い国といわれていますが、20～60代男女では、すでに6割近くがキャッシュレス決済をメインに利用していると回答しています。キャッシュレスという名のとおり、実際に現金が移動しているわけではなく、なんらかのシステム上で処理される記録です。

お金以外の価値もまた、その多くが記録として管理されています。例えば、不動産は所有権や賃借権、抵当権といった各種の権利が価値として、登記簿や管理会社のシステム上に記録されています。また、株や債券といった有価証券も、現在はほとんど全て電子化されており、券面としての資産を持っている方は少ないでしょう。

このように、現在、お金や価値といった概念のほとんどは、その起源に立ち返り「記録」として管理されています。同時に、これらの記録上の価値のやり取りは特定の限られた管理者によって行われるのが一般的でした。

データの価値を担保するブロックチェーン

ビットコインに代表されるブロックチェーン上のデジタルデータは、「価値がある」と信じるに足る確からしさを与える性質を備えています。

■データがなくならず、改ざんもされない

ブロックチェーンは、複数のノードが同一の情報を常に共有することによって生まれるデータ記録基盤です。このためノードが1つでも残っていれば、データが消えることはありません。

また、このデータはハッシュ暗号によって一貫性が保たれており、過去のデータへの不正な操作は検知されます。加えて、不正が行われたとしても、そこから他のブロックを追い越して最長のブロックを繋げなければ、正当なデータとしてはみなされません。

単一の管理者がいないことから、このルールは全てのネットワーク参加者に平等に課されています。

従来の記録管理手法の場合、管理者がいなくなれば記録上の価値も失われてきました。ところが、ブロックチェーンの場合、記録の管理に伴う負担には、それに見合うだけの報酬が自動で支払われます。管理に関わる参加者（マイナーなど）の持続可能なアイデアが、織り込まれた設計になっているということです。

このような背景から、純粋に情報の記録媒体としての信頼性が高く、価値の保存にあたる機能を果たすことができます。また、扱われているデータは残高という数値情報のため、価値の尺度となる交換の比率を表現することも十分可能です。

■データが有限

お金のように交換の手段として用いるものだけでなく、誰にも渡すつもりがないものに価値を見出すことがあります。例えば、世界的なアーティストの作った芸術作品や過去に限定販売されたコレクターズアイテムなどは、その多くが高額で売買されています。

これらの価値はほとんどの場合、その有限性・希少性によって支えられています。例えば、大量に印刷されるカードやシールなどのグッズであっても、乱丁や落丁といった希少な特徴を備えていれば、コレクター市場で高い価値が認められます。

アダム・スミスに始まる経済学の一般論として、価値を求める基本的な算出方法は需要と供給のバランスです。供給に限りがあるものは、価値がつきやすい傾向にあります。

ブロックチェーン上のデータは、次の2つの観点から有限と言われています。

第1に、「全体の発行量」と「発行の方法」が、どちらも限定されたデジタルデータであるという観点です。

ビットコインや次章で詳述するEthereum（イーサリアム）のように各ブロックチェーンで発行される基本の通貨は、それぞれの仕様により総発行量が定められています。また、発行の方法も、マイニングのように各ブロックチェーンのコンセンサス・アルゴリズムに紐づいて定められており、それ以外の方法で総量が増減することはありません。

第2に、ブロックチェーン上のデジタルデータは、発行時の出自が明らかになる、という特徴があります。

これはマイニングによって発行されたものに限りません。ブロックチェーン上にデータを記録する場合、そのデータにはタイムスタンプが割り振られ、以降の来歴も残ります。そのため、オリジナルがオリジナルとして判別可能であるという性質を持ちます。

■誰でも使える

銀行口座を開設しようと思うと、国籍や住所、職業、その他の与信に関する情報が求められるでしょう。銀行口座がないとそれに紐づくクレジットカードや決済サービスの利用を開始することもできません。また、これらの決済サービスを実際に導入しようとした場合、専用のサービスや機材を導入する必要が生じます。

ビットコインを始めとするブロックチェーンは、単にデータを取り込み記録するだけの仕組みではなく、ユーザー同士の取引や交換を前提とするアプリケーション、あるいはプラットフォームとして設計されています。

ブロックチェーン上のデータには世界中のどこからでもアクセスすることができますし、利用の際にユーザー登録などをする必要がありません。

実際にブロックチェーン上で取引や送受金を行おうとする場合、一般的にウォレットや取引所アプリをダウンロードすることになります。しかし、オープンソースで提供されている各種アプリケーションを利用するノウハウがあれば、それすら必要がなくＰＣ１台・

スマホ1台ですぐに利用を開始することができます。

また、例えば店舗でビットコイン決済を受けつけようとする場合、自身のウォレットのアドレスをQRコードとして出力し、それをレジ横に置くだけでかまいません。契約や導入手続きが、ほぼ不要な決済サービスは他に類を見ません。

これらの性質は、人々に「ブロックチェーン上のデータは複製が容易ではないことから価値が希薄化せず、価値がつくものだ」ということを信じさせるに足るものです。そして、多くの人がそう信じるからこそ、そこに記録された価値は強固なものとなり、時にお金のように交換の媒介に利用することができるのです。

記録された価値を扱いやすくする「トークン」

ビットコインのように、ブロックチェーン上で価値を表現されたデジタルデータのひとかたまりは、「トークン」とも呼ばれています。トークンという言葉は、日本人には耳馴染みのない言葉かもしれませんが、実は、私たちの身の回りにあふれています。

例えば、誰もが子どもの頃に利用したことのある、算数セットをイメージしてみてください。そこに入っていたおはじきや算木《さんぎ》がまさにトークンです。そろばんの珠もトークンですし、麻雀をする人にとって馴染み深い点棒もトークンの一種です。

つまり、トークンとは数字などのイメージしにくい抽象的な概念を、視覚的に理解できるようにするための代替物のことです。

現在、ブロックチェーンを用いてさまざまな価値に換算できる残高情報がインターネット上に記録されており、日夜更新され続けています。これを視覚的なイメージに変換するために、ブロックチェーン上のさまざまな価値はトークンとして表現されています。

ビットコインなどの暗号資産も含めて、より広い概念が「トークン」だということを理解していただけたでしょうか。

ブロックチェーンに記録されるさまざまな価値

ビットコインの登場以降、それを模倣《もほう》してブロックチェーン上にさまざまなトークンを発行するプロジェクト、いわゆるビットコイン・コピーが立ち上がってきました。また、ビットコインなどすでに流通している通貨を基盤に、独自のサービス内ポイントに相当するようなトークンを発行するようなアイデアも生まれました。

これらはビットコインに代わるものとして登場してきた経緯から、代替という意味を表す「alt」と「coin」を組み合わせて「Altcoin（アルトコイン）」と呼ばれています。

また、ビットコインやアルトコインとは違い、現実世界ですでに価値を認められているものをブロックチェーン上の記録と紐づけようという試みも登場しました。これらは特定の資産を裏づけにしたトークンとして「アセットバックドトークン」と呼ばれています。

アセットバックドトークンは、米ドルと1対1で交換できるUSDT（テザー）などから始まり、金や土地などの現物資産を裏づけとするものが考案されています。

アセットバックドトークンは現実世界の資産と紐づけられていることから、暗号資産と比べて価値が安定しやすい傾向にあります。この安定性に着目したトークンを「Stablecoin（ステーブルコイン）」と呼ぶようになりました。ステーブルコインのアイデアは後にCBDCと呼ばれる法定通貨のデジタル化へと発展していきます。

また、アセットバックドトークンの発想は、ブロックチェーンの価値記録媒体としてのユースケースを既存の金融業界に近づけていきました。

金融業界には「流動的な決済」に重きを置いたユーティリティと、「資本の拡大再生産性（＝配当性）」に重きを置いたセキュリティという2つの資産分類があります。これは法律の上では「資金決済法」や「資金移動業」で規制される分野と、「金融商品取引法」で規制される分野として区分されています。

ここまで紹介してきたものの大多数は従来の通貨やコモディティ（取引される商品）の延長であり、ユーティリティトークンとカテゴライズされています。

その一方で、配当性に重きを置くファンドや株式のようなトークンをブロックチェーン上で再現しようというものが増加しています。こうした資産は従来の金融の分類に倣《なら》って

◆トークンの分類

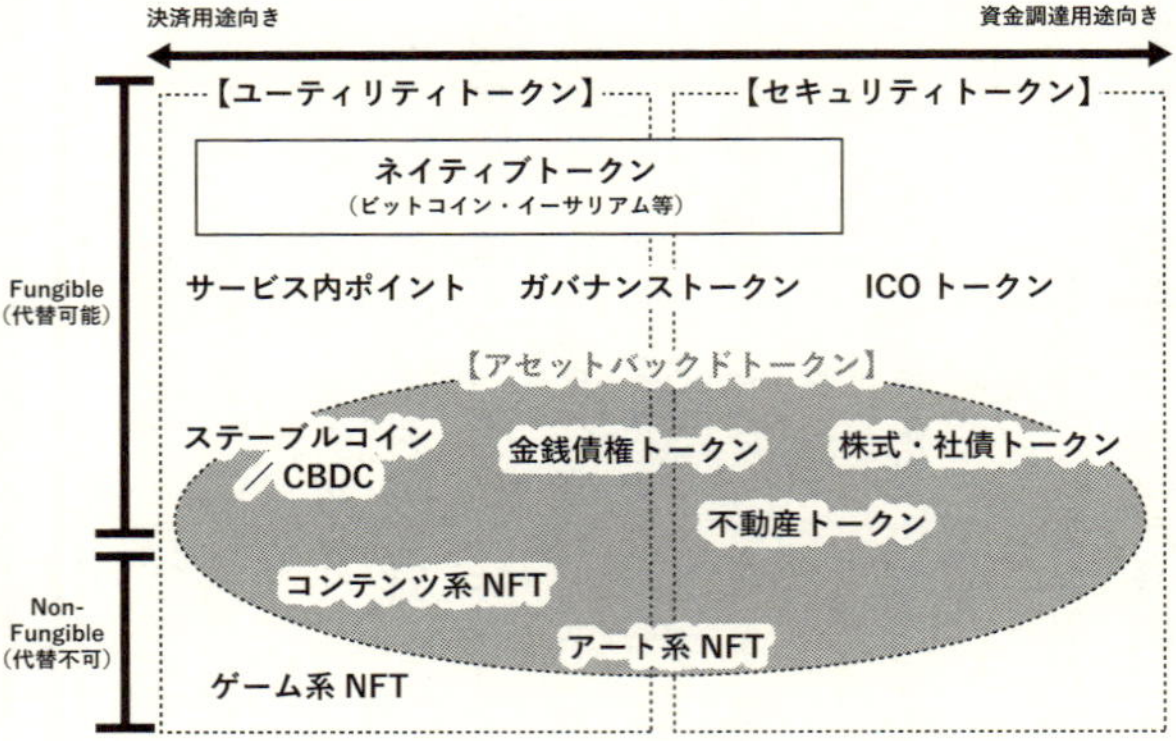

「セキュリティトークン」と位置づけられています。日本においても、ユーティリティトークンは資金決済法の規制対象となり、セキュリティトークンは金商法の規制対象となっています。また、証券と似た性質のトークンとして「ガバナンストークン」というものが利用されています。これは、サービスのアップデート内容や方向性を投票で決定する際の議決権に相当します。

さらに、さまざまな概念がトークン化される中で、残高のような数量を表現するのではなく、トークン自体の固有性に焦点を当ててみてはどうか、という発想が生まれます。

そこから生まれたのがＮＦＴ（Non-Fungible Token：非代替性トークン）です。

ＮＦＴとは、デジタルデータにブロックチェーン上で鑑定書をつけるようなアイデアのことで、それまで数量としてイメージすることが一般的だったブロックチェーン上の価値を、骨董品やコレクターズアイテムのような一点物にまで、応用することを可能にしています。

このようにビットコインが「デジタル世界の現金」という実現困難なハードルを乗り越えたことで、その周辺にあるさまざまな価値をデジタル世界に再現してみよう、という実験が始まりました。こうしてできた新しい資産がDigital Assets（デジタルアセット／またはCryptoAssets＝暗号資産）と総称されるようになります。

それでは、順を追ってそれぞれのデジタル資産について理解を深めていきましょう。

ビットコイン・コピーから多様化したアルトコインとは？

当初のアルトコインとは、まさに「ビットコイン・コピー」を指す概念でした。その最たるものが、最古のアルトコインであるライトコインです。

ライトコインは元Googleのエンジニアであったチャーリー・リー氏によって発案され、2011年10月に誕生した暗号資産です。チャーリー氏はビットコインに出会い「Digital Gold」の廉価版であり常用版となる「Digital Silver」を開発しようと考えました。

そこでライトコインでは、オープンソースのコミュニティ上で開発されていたビットコインのシステムに倣いつつ、ビットコインよりも総発行量を多く、ブロック生成にかかる時間を短くしています。いわば金貨よりも使い勝手のよい銀貨のようなものです。

このライトコインの誕生をきっかけにビットコインをベースにしつつ、新しい工夫を施《ほどこ》した通貨が多数開発されていきます。これがアルトコインの第一期生といえるでしょう。またビットコインやライトコインのようにブロックチェーン自体と紐づいたトークンは「ネイティブトークン」と分類されます。

その後、こうしたビットコインコピーとは別に、ビットコインを基盤にして別の通貨としての振る舞いを持たせる「カラードコイン」という発想が生まれます。

例えば、日本円に東京都だけで発行されたカラーシールを貼ることで、「東京円」と主張するようなアイデアです。

奇抜にも思えるアイデアですが、私たちが普段日本円をＳＵＩＣＡ（スイカ）残高や

LINE Pay（ラインペイ）残高などに変換して利用するようなものと考えるとイメージが湧くはずです。大多数がなんらかのサービスと紐づいていることから「サービストークン」と分類することができます。

ベースとなる通貨になんらかの目印を付与して、サービスや利用用途ごとの独自通貨を作る、というこのアイデアは、後に多種多様なトークンがブロックチェーン上で発行され、それぞれの変換レートで交換される「トークンエコノミー」という概念を生み出します。

トークンエコノミーとは、ポイント経済圏の拡張版のようなものです。既存のポイント経済圏ではJRの発行するSUICAの残高を楽天ポイントやTポイントなどと交換することはできません。これはそれぞれの残高を管理する台帳が、管理者ごとにバラバラに運用されているからです。

トークンエコノミーでは、さまざまなサービス内のトークンがブロックチェーンという共通の基盤上で管理されており、トークン同士を交換することや、別サービス内で利用することが可能です。これにより、従来のポイントでは実施できなかったマーケティング施策やサービス間のコラボレーション施策が可能になるとされています。

このように、ビットコインを発端としてさまざまなブロックチェーンが設計・開発されるとともに、それぞれの基軸通貨以外に、サービスごとのトークンが流通するように発展してきました。

これらが現在、アルトコインと総称されているブロックチェーン上のトークンの概観です。現在までに少なくとも1000種類以上、実際には3000種類近いアルトコインが発行されているともいわれています。

一方で、暗号資産全体の時価総額のうち、ビットコインが占める割合は50％前後、上位10通貨で85％近くにのぼります（2021年6月現在）。つまり、大量に発行されたアルトコインの中で、十分に存在意義を発揮しているのはほんの一握りのため、アルトコインの多くは実態のなさなどを揶揄されて「草コイン」などと呼ばれることもあります。

ICOバブルとはなんだったのか？

アルトコインは、当初サービス内の決済用途を志向したものが多かったのですが、後にサービスの資金調達とその後の配当や利益を約束するものや、プロジェクトの方向性についての投票権として発行されるものが現れました。

特にサービスの資金調達のために新規のトークンを公募販売し、このトークンの価値の裏づけとしてサービスの利益分配を約束するＩＣＯ（Initial Coin Offering：イニシャルコインオファリング）という手法が流行するようになります。いわば暗号資産の世界で、株式の新規上場（ＩＰＯ）を行うようなものと考えられます。

株式市場への新規上場は、投資家保護の観点から厳しい審査が必要とされています。これに対して、ＩＣＯは誰でも簡単に実施することが可能でした。

また、インターネットを通じて、世界中の暗号資産保有者にトークン購入を呼びかけることができます。さらに、事業実績などが確立される前であっても、プロジェクトの新規性や成長性が認められれば、トークンの価格高騰を期待した投資家から資金が集まりました。

しかしながら、この新たな資金調達手法は詐欺の温床《おんしょう》でもありました。例えば、実現する見込みのないプロジェクトで投資家の夢を煽《あお》り立て、資金を集めるだけ集めたあとに、持ち逃げするような被害が多発するようになります。

ニューヨークを拠点とするＩＣＯアドバイザリー企業による調査でも、これまで実施されたＩＣＯのうち、約81％が詐欺、６％が資金調達に成功したものの途中で放棄され資金が返金、５％がある程度開発が進んだものの取引所への上場を果たせなかった、ということが分かっています。

これらの反省を踏まえて、ＩＣＯは２つの方面に進化しました。１つはトークンの販売を取引所のサービス上で実施し、購入者がトークンをすぐさま売買できるようにする、というものでＩＥＯ（Initial Exchange Offering）と呼ばれています。ＩＥＯはユーティリティトークンを対象に各国の取引所が実施しています。

もう１つは有価証券の発行規制のもとでトークンを販売するもので、次項で詳述するＳＴＯ（Security Token Offering）です。

さらに発展するセキュリティトークンとは？

本来、株式に相当する有価証券等を公募形式で販売する行為は、投資家保護の観点から世界各国の金融規制で厳しく規制されています。そのため、ＩＣＯは各国の金融規制当局によって監督されることになりました。

また、これらの証券性を有するトークンを「セキュリティトークン」と分類し、これを用いた資金調達をＩＰＯやＩＣＯになぞらえて「ＳＴＯ（セキュリティトークンオファリング）」と呼ぶようになります。


セキュリティトークンには大きく2つの方向性があります。

1つは、ブロックチェーン上でトークンの発行・販売を行う際に有価証券規制に準拠するプロセスを組み込んだものです。

もう1つは、社債や株式、証券化商品といった従来の金融商品の発行や管理を行う際にブロックチェーンやそれに類する技術を活用するものです。

現在、世界各国の証券会社や銀行などの金融機関が、ブロックチェーン技術を用いて自社プラットフォームでセキュリティトークンの発行を検討し、すでに多くの実験が行われています。

セキュリティトークンに期待されているメリットとしては、次の「処理や手続きの自動化」「小口化」「24／３６５取引」「グローバル流通」があげられます。

■処理や手続きの自動化

従来、有価証券を発行して資金調達を行うには、証券会社やファンド事業者と個別にやり取りを行い、証券の組成・当局への申請・投資家との出資交渉といった手続きを経て行われるものでした。

セキュリティトークンは、これらの手続きを電子化・定型化し、スピーディに資金調達を可能にします。また、流通市場においても、処理の自動化が見込まれています。

例えば、有価証券の売買は送金などの手続きと異なり、「買い手の支払い」と「売り手の有価証券の受け渡し」をセットで行う双方向の処理となります。これをＤＶＰ（Delivery Versus Payment）と呼んでいます。

セキュリティトークンを利用すれば、これを自動化することが可能になります。さらに、配当の付与など株式保有者を対象とする処理も自動化が可能です。

■小口化

セキュリティトークンに期待される最大のメリットは、発行や流通にかかるコストを抑え、有価証券の小口化を可能にするという点にあります。小口化には、証券化案件の小規模化と投資単位の小口化の2つの側面があります。

前者では、証券化で得られる収益と釣りあっていなかった小規模な資産の証券化に注目が集まっています。例えば、特にマンションの区分所有やホテル・介護施設といった不動産から生まれる収益や権利を証券化するものがこれに当たります。

一方の投資単位の小口化は、配当の分配など発行後に生じるコストを削減することで、より多くの人に投資機会を広げようとするものです。保有者が多くなるほど増加する管理コストを削減することで、最低投資単位を小さくすることが可能になり、一般投資家の参入障壁を下げられると期待されています。

■24/365取引

流通市場で行われる処理を自動化することは、取引時間の制約をなくすことにも繋がります。一般的な証券取引所は取引時間が定められています。例えば、東証は、取引時間が午前9時から午後3時で、しかも、昼休みをはさんで前場と後場に分かれています。さらに、暦の上での休日には、取引自体が行われません。

これは日中の取引を確定させ顧客ごとの口座情報を更新したり、システム障害に備えてメンテナンスを行うためです。こうした処理を自動化することで、投資家の取引機会を24時間365日へ拡大することが可能といわれています。

■グローバル流通

セキュリティトークンの流通基盤にグローバルなブロックチェーンを選ぶことで、諸外国の有価証券を国内投資家に販売することや、逆に国内の優良なプロジェクトが海外資金を調達することを可能にします。従来の証券取引所は、それぞれが各国の資金決済システムと連動する地域性の強いシステムであることが一般的でした。

各国の証券市場の共通基盤にブロックチェーン技術が用いられることで、有価証券市場全体の相互運用性が向上するとの期待が寄せられています。

フェイスブック発のリブラで注目を集めたステーブルコイン

セキュリティトークンと対をなすトークン分類が、ユーティリティトークンです。ユーティリティトークンとは主に決済用途で用いられるもので、従来のポイントやサービス内通貨に相当するものです。これらは、ユーティリティという言葉のとおり、あくまで利用の瞬間が重要です。

暗号資産全般に対する批判として「価格が不安定」という指摘がなされることがありますが、これは確かに利用時の不便さに直結する問題です。

例えば、昨日は100ポイントで購入できた商品が、今日は200ポイント必要になり、明日にはまた100ポイントに戻っている、といった状態は不健全でしょう（実のところ、法定通貨も外貨や証券との間で価格変動を繰り返しているのですが、変動幅がそこまで大きくないことと、商品価格が法定通貨表示であるため、通貨価格の変動を日常的に感じられず、不便さは軽減されています）。

また、暗号資産の取引所においても、暗号資産の価格下落時にリスクオフができる、価格の安定したトークンが求められるようになりました。

こうしたニーズから、ユーティリティトークンの中で特に価格の安定性に重きを置く「ステーブルコイン」の必要性が高まり、さまざまなステーブルコインが開発・実用化されるようになります。そんな中、このステーブルコインという言葉を一躍有名にしたのが、フェイスブックの発表したステーブルコイン「Libra（リブラ）」です。

2019年6月18日に米国フェイスブックを中心とするリブラ協会メンバーが「リブラ入門」と題されたホワイトペーパーを発表しました。世界中にユーザーを抱える巨大プラットフォームのフェイスブックが、ブロックチェーン上でデジタル資産を発行するというニュースは、瞬く間に世界中を駆けめぐり物議を醸《かも》しました。

リブラの当初の設計思想は「世界各国の法定通貨や有価証券を裏づけ資産として価格の安定性を図るバスケット型のステーブルコイン」というものでした。このコインをＩＴ関連企業が中心となるリブラ協会が運用し、需要に応じて発行することが目論《もくろ》まれました。

バスケットは、米ドルや日本円、ユーロなどの複数の通貨や有価証券・債券といった資産をひとまとめにしてバスケット（＝かご）に入った１つの商品とみなす考え方です。例えば、ドル円を50：50で持てば両者の為替リスクが相殺《そうさい》されるように、バスケットにされた各種の金融商品が、互いの相場変動を打ち消しあうことでバスケット単位の価格が安定するという仕組みです。

リブラの目的は「これまで口座を持つことのできなかった金融弱者を助けるため」という金融包摂《ほうせつ》が掲げられていました。一方でその実態からして、裏づけ資産を金融市場で運用し信用創造を行うことができることや、民間企業の合議体が通貨の発行権を持つようになること、通貨を用いて行われる消費行動のデータを得られることなど、期待される効果は多岐にわたります。

しかし、リブラの発表に対する世界各国の金融当局や米政府の反応は、非常に厳しいものでした。同年10月にはワシントンでG20が開催され、リブラを始めとする民間デジタル通貨の生じさせる金融リスクが列挙され、当面は発行を認めない方向性がまとめられています。

また米下院にてリブラに対して行われた公聴会では、フェイスブック代表のマーク・ザッカーバーグ氏が「米国当局の承認なしにリブラを発行することはない」と言質《げんち》を取られています。

その後、リブラは当初の設計を大幅に見直し、現在は各国法定通貨をそのまま裏づけ資産とするシンプルなステーブルコインへと軌道修正しています。これに伴い、当初リブラ協会に参画していたＩＴ企業も多くが協会を離れ、プロジェクト名も「Diem（ディエム）」に変更しています。

さまざまな手法で価値を安定化するステーブルコイン

リブラに代表されるステーブルコインは、大きく３つの類型に分類されています。最も一般的なのが法定通貨を担保資産とするものです。次に、現在利用が拡大しているのが、ビットコインやイーサリアムといった暗号資産を担保資産とするものがあります。また、常に需給の調整を行うことで価格の安定性を得るものも企図《きと》されています。

① 法定通貨担保型

ステーブルコインを発行する際の最も一般的な手法で、特定の法定通貨との交換レートを固定する方法です。発行体が裏づけとなる法定通貨を保管し、交換できることを担保することで価格の安定性を維持します。

具体的にはテザー社の「USDT」やサークル社の「USDC」、「ディエム」に改名後のリブラもこれに当たります。

テザー社は香港を拠点とする暗号資産企業で、2015年2月にUSDTを発行して以来、暗号資産取引におけるビットコインのカウンターパートとして確固たる地位にあります。

2021年の同社の報告書によると、582億ドル相当の負債と資産を抱えているとのことです。USDCのサークル社は暗号資産ウォレットや少額取引所をルーツとする企業でしたが、2015年にゴールドマン・サックスの出資を受け入れるなど大型の資金調達を経てステーブルコインの発行企業へと路線変更しました。

また、日本のIT大手GMOも米国法人にて「GMO GYEN」というステーブルコインを発行しています。これは、米ドル担保の多いステーブルコインの中でも珍しい日本円担保のステーブルコインです。

この種のステーブルコインの最大のメリットは、価値の安定性と分かりやすさにあります。また発行体の目線では、担保資産を運用しながら、等価値の暗号資産を発行することが可能なため、利用者が増え市場供給量が増えるほどに運用資産額が増えていきます。

実際にテザー社は担保資産を短期債などで運用しており、年間1％の利回りだとしても、年間600億円近い利益が生まれている計算になります。

一方、課題として指摘されているのは、発行体企業が十分な裏づけ資産を有しているかという点です。実際にテザー社は司法当局から準備金開示をたびたび要求されてきました。これに初めて応えたのは2021年5月のことです。

また運用手法も問題視されており、現金に比べて高リスクな金融商品を抱えているにもかかわらず、開示責任を果たしていない等の指摘があります。

② 暗号資産担保型

特定の発行体が、法定通貨による裏づけを行う場合に生じる信用リスクを回避し、暗号資産の世界での利便性を高めようと開発されたのが、暗号資産裏づけ型のステーブルコインです。

暗号資産による裏づけとは、ユーザーが暗号資産を担保資産としてブロックチェーン上にロックすることと引き換えに、法定通貨と等価値の価格の安定したトークンを得られる、というものです。

具体的には「MakerDAO」というプロジェクトが主要な暗号資産担保型ステーブルコインとして利用されています。

発行体なしに価格を調整する仕組みは大まかには次の流れになります。

MakerDAOの利用者は、自身の暗号資産をブロックチェーン上で質入れし、ステーブルコインを借り受けます。このステーブルコインは「市場で売買する」という選択肢の他に「USD（米ドル）と等価で発行・返済する」という扱い方が可能です。仮にステーブルコインの市場価格が下がる傾向にある時は、市場でステーブルコインを購入し、それを返済して担保資産を引き出すことで利益を得ることができます。このとき、市場では買い圧がかかり価格が上昇します。逆に市場価格が上昇傾向にある時は、暗号資産を担保に定価でステーブルコインを借り入れ、市場で売ることで利ざやを得られます。

このように、担保を用いたローンと市場での売買を組み合わせて、ゲーム理論的に価格の安定性を実現するのです。

この種のステーブルコインのメリットは、法定通貨担保型と異なり信用リスクが生じない点にあります。また、ブロックチェーン上で発行されるトークンであるため、共通のブロックチェーン上で高い利便性があります。

他方で、仕組みが難解でとっつきにくいことや、価格の安定性が90～110％の間でブレがあること。担保となる暗号資産自体の価格変動が急激に生じた場合に、発行されたステーブルコインが自動で強制清算されるなど、価格の安定性を図る仕組みが利用者に損失をもたらす恐れがあることがデメリットとされています。

③無担保（アルゴリズム）型

最後に、利用者から一切の担保を取らず、アルゴリズムによる市場供給量の増減のみによって価格を調整しようというステーブルコインも提唱されています。具体的にはベーシスやＥＳＤ（Empty Set Dollar）などがあります。要は中央銀行の財政出動を分単位や秒単位で行うようなもので、価格が下がっている時は通貨を焼却し、価格が上がっている時は通貨を新規発行します。

しかしながら、これはまだ理論上の存在とされています。というのも、価格が下がっている時のストッパーが通貨の供給を絞ることしかないため、誰もが通貨を手放したがる取りつけ騒ぎが起きても、通貨の市場規模を縮小することでしか対処できないのです。つまり、価格が安定するためには「そのステーブルコインの市場規模がある程度のペースで拡大し続けること」を仮定する必要があります。

議論が加熱するCBDC（中央銀行デジタル通貨）とは？

リブラがステーブルコインの発行計画を公表した時、各国の金融当局と中央銀行はこれに強硬な姿勢を示しました。同時に、民間企業がその発行に今後も積極的であることに、その抑止策として、自分たちもまたデジタル通貨を発行することに意欲を見せ始めます。

これをCBDC（Central Bank Digital Currency＝中央銀行デジタル通貨）といいます。日本も欧州中銀など、6つの中央銀行と国際決済銀行との共同でCBDCの研究に着手しました。また、米国も一時は民間に委《ゆだ》ねる姿勢を見せたものの、現在はFRB（米連邦準備制度理事会）を中心に検討を推し進めています。また、CBDC実用化に向けて最先端をひた走る中国は、2022年の北京冬季五輪までにCBDCを完全実用化すると宣言しています。

なぜ彼らはここまで急激にCBDCの検討に注力し始めたのでしょうか。

国によってCBDCの検討背景は異なります。例えば、金融インフラの開発から時間が経っていて時代遅れになりつつある、自国の金融インフラが脆弱《ぜいじゃく》で通常の銀行口座を持てない人が多い、といった国もあれば、民間の通貨支払いを監視したいのでは、といわれる国もあります。ただ、多くの国に共通しているのは、取り残されたくないという感情かもしれません。

リブラのような民間企業が発行するデジタル通貨によって、自国の通貨が一気に利用されなくなるリスクや、他国の便利なＣＢＤＣが、自国内で流通し始めるリスクは、各国にとって見過ごせるものではなかったのです。

実際に、日本における既存の法定通貨を利用するシステムの多くは、インターネットの発達やスマートフォンの普及を前提としておらず、やや時代遅れなものになりつつあります。先ほど触れた日本の銀行振り込みにおいても、利用者のアカウント名が半角カタカナであることに違和感を覚えた方はいないでしょうか。

これは銀行同士をネットワークで接続する全銀システムが構築された時代に、通信容量をなるべく節約するために、１バイトの容量で済む半角カタカナが採用された事情ゆえのことです。このようなシステムは新しいFinTech（フィンテック）サービスなどとの連携も取りづらく、コストや利便性に問題を抱えています。

そこにフェイスブックのように、世界中で数億人以上のユーザーを抱える巨大なIT企業が参入してくるというのは、各国当局の考える通貨の安定性から考えれば脅威以外の何者でもありません。仮になにもアクションを起こさずに放置すれば「悪貨が良貨を駆逐《くちく》する」という言葉のとおり、国よりも信用力の劣る企業の発行する通貨によって、各国の法定通貨の立場が危ぶまれる恐れがあります。

リブラのような通貨が十分に出回ったあとで、フェイスブックの倒産が噂されれば、世界中を巻き込んだ大規模な取りつけ騒ぎが生じるでしょう。信用リスクのみならず、システミックリスクまで予想されます。

こうした背景から、これまで選ばれてきた「現状維持」という選択肢が失われ、放置するか、対抗するか、というラインに至ったのです。

では、CBDCとはいったいどういったもので、どのように対抗を図るのでしょうか。

現在、各国の中央銀行は、主に2つの媒体を通じて法定通貨を市中に流通させています。1つが通貨の造幣《ぞうへい》であり、もう1つが、中央銀行の管理する銀行間の台帳システムへの残高発行です。

日本の場合、造幣局を通じて日本銀行券が発行されているほか、銀行がアクセスして預金残高の流通・清算を行う日銀当預が存在しています。この日銀当預はデジタルな台帳上で管理されているため、ある意味CBDCの一種と考えることができるでしょう。

リブラ以降に活性化したCBDCの議論は、日銀当預のような中央銀行中心の通貨勘定系を最新の技術でオープン化しようとするものです。この時、一般の利用者の市中決済に注力するものをリテール型、既存の金融機関や新興のフィンテック企業などお金を扱う事業者間での決済に注力するものをホールセール型と整理しています。

CBDCの主なメリットとして期待されているのは、次に説明する「お金の持つ情報の活用」「相互運用性」「プログラマビリティ」「金融包摂」の4つです。

■お金の持つ情報の活用

まず、「情報の活用」ですが、お金のやり取りは多くの情報を運んでいます。収入や支払いなどの基本的な行動履歴はもちろん、消費者の趣味嗜好《しこう》などもお金が運べる情報の一種です。

ところが、既存のシステムにおいては運べる情報の量・質が低く、十分に利用しきれてはいませんでした。早い話が、銀行口座の通帳から確定申告のための書類が自動で作成されれば便利ですが、その情報は銀行口座内のお金には載せきれない、ということです。

これを新しいデジタル技術を活用して載せられるようになります。より多くの情報をお金と結びつけて扱えるようになれば、より便利なフィンテックサービスが誕生するとも期待されています。

■相互運用性

次に「相互運用性」ですが、現在普及しているさまざまなQRコード決済サービス（〇〇Payなど）は、単一のアプリ内での決済しかサポートしておらず、複数のPay口座をまたいでチャージを行ったり、送金したりすることはできません。

現状のシステムにおいて、民間の提供するサービス内でお金として扱われている情報は究極的には全て支払い指示にすぎず、本当にお金が動くのは、銀行口座間の資金移動が行われた時です。

先述のとおり、この銀行口座同士でお金を動かすシステムは古く、使い勝手がよくない、という問題を抱えています。これをオープンなネットワークにすることでサービス間の相互運用性が高められるようになります。

■プログラマビリティ

「プログラマビリティ」とは、簡単に言えば、特定の条件を満たした時に、自動で確実に支払いや振込みなどの処理が行われるよう、お金に命令を書き込むことができるというものです。これは次章で紹介するスマートコントラクトの概念と密接に結びついています。

例えば、毎月銀行の貯蓄用口座と投資用口座にそれぞれ振替を行っている場合や、手当・賞与で給与が増減した場合などに、その割合に応じて貯蓄用口座と投資用口座への配分比率を変える、といったことが可能になります。

■金融包摂

「金融包摂」とは、難民や発展途上国の貧困層のように銀行口座を開設できない人へ、金融サービスへのアクセス機会を提供することです。リテール型のCBDCのように民間の一般利用者が利用できるデジタル通貨は、銀行口座の代替としての利用が想定されます。

仮に銀行に足を運ぶことができない、銀行の与信審査を受けられないような人々であっても、スマートフォンのアプリ上で給与を受け取ったり、預金や投資が可能になります。これは特に発展途上国におけるCBDC活用の主目的として位置づけられる傾向にあります。

これらのメリットに注目が集まり、現在世界各国でCBDCの検討が急ピッチで進められています。

NFTとは鑑定書つきデジタルデータ？

NFTは、ビットコインなどの暗号資産（仮想通貨）の兄弟のような存在です。暗号資産が通貨のような価値をブロックチェーン上で発行しているのに対し、NFTはイラストやコンテンツなど、さまざまなデジタルデータをブロックチェーン上で扱おうというものです。

両者の共通点には、発行される数量が限定的であること、データを安易に複製したり偽造したりするのが難しいこと、そして世界中の誰もがサービスの垣根を超えて利用できることなどがあげられます。

一方で、両者には明確な違いがあります。それは、暗号資産が持つ代替性（Fungibility）を、

ＮＦＴが持っていないという点です。

代替／非代替とは、同性質のもので取り替えがきくかどうかを意味します。取り替えのきくものとして最も身近な例は、私たちが日常的に利用するお金、貨幣です。例えば、皆さんの財布の中にある１万円札には、記番号などの識別情報が含まれています。通常、私たちはこれらの識別情報を気には止めずに紙幣を取り扱っていますし、１万円札は他の１万円札や千円札10枚などと交換することができます。

しかしここで、１万円札の記番号や発行年度などの識別情報、固有の状態に着目すると、他の１万円札とは全く異なる物品であると考えることも可能です。特に、記番号がゾロ目の場合や発行年度が元号の変わり目の場合など、希少性が高いものは、額面以上の価値を持つことがあります。

このように、通常は他の紙幣や物品と取り替えのきく「１万円札」であったとしても記番号や紙幣の状態、発行枚数といったメタ情報によって、唯一無二の物品として扱うことが可能になります。

ＮＦＴでは、特定のデジタルデータをブロックチェーン上で固有の存在として扱うために、鑑定書のようなメタ情報をデータに付与します。

先の紙幣の例や骨董品の鑑定番組などを見ても分かるように、鑑定書や所有証明書、サインなどといったメタ情報の有無によって物の価値は大きく左右されます。メタ情報は、モノの希少性や意味性を裏づけるからです。

例えば、目の前に古ぼけたボールが2つあったとして、片方に「長嶋茂雄が最初に打ったホームランボールである」という鑑定書と所有者への宛名、サインが添えられていれば、価値に大きな差異が生じます。Twitter（ツイッター）創業者の投稿をNFT化したものに高額の価格がつけられるのは、これと同じ理由です。

ここまでをまとめると、NFTとはデジタルデータに鑑定書や所有証明書、サインに相当するメタ情報を紐づけ、唯一無二の存在として扱うことを可能にするアイデアということになります。

「偽造不可な鑑定書&所有証明書つきのデジタルデータ」であるNFTの魅力は、大きく2つの側面から読み解くことができます。

第1に、NFTは従来のデジタルデータとは異なり、現実世界で販売・流通されるアイテムと非常に近しい性質を持った「物品」とみなすことができる点です。

ＮＦＴには、鑑定書に相当する識別情報が付随しています。この識別情報はブロックチェーン上でその確からしさが担保されているため、複製やコピー品との違いがひと目で分かるようになります。

従来のデジタルデータはコピーを行った際に、オリジナルと完全に同一のデータを作成することができましたが、ＮＦＴの場合はオリジナルをオリジナルとして主張することが可能です。

また、ＮＦＴの有する識別情報は他のＮＦＴと被《かぶ》ることがありませんから、無数にコピーが作られ価値が希薄してしまうデジタルデータとは異なり、一点モノあるいは数量限定品として物品同様の希少価値を持たせることが可能です。

さらに、ＮＦＴは特定のサービスやシステムではなく、ブロックチェーンというオープンなネットワーク内に発行されます。

従来のデジタルデータは、そのデータを扱う事業者のサーバー内などで管理されており、そのデータを利用者がサービス外で利用することが容易ではありませんでした。

例えば、『少年ジャンプ＋』で購入した電子書籍はKindle（キンドル）リーダーで読むことはできませんが、実際の書籍であれば、手元に書籍があればいつでもどこでも読めますし、メルカリに出品したり、友達に貸したりすることが可能です。

このように従来のデジタルデータは、サービス内のデータへのアクセスを事業者から制御されており、他サービスなどに持ち出すことが基本的にできません。それに対し、NFTはブロックチェーン上で発行されているため、ブロックチェーン上のデータを参照することでサービスの垣根を超えてユーザーが自由に扱うことができます。


NFTの魅力となるもう1つの側面は、アナログな物品と同じような性質を備えていながらも、あくまでデジタルデータとしての利便性を失っていない点にあります。

例えば、現実の物品を販売しようとすると、その過程でどうしても在庫が生じてしまいます。そのため、売れ残りが生じた場合などには、この在庫を管理したり処分したりするための費用が発生し、同人出版やインディーズアーティストにとっての負担となっていました。これに対し、NFTはデジタル空間で発行するだけですから、現実世界で生じる在庫コストを限りなくゼロにすることができます。

また、デジタルデータであるがゆえ、グローバル展開も容易です。従来ならば、日本で販売されたアニメ複製原画を海外のアニメファン向けに販売しようと思うと、その流通や販売には別途現地でのサポートが必要になるでしょう。しかし、デジタル空間で発行されるＮＦＴであれば、国内外を問わず誰もが平等にＮＦＴを購入することができます。

さらに、ＮＦＴはデジタル空間上で発行されるため、さまざまな機能（プログラム）をそのデータ自体に持たせることができます。

例えば、フリーマーケットで数量限定販売した同人誌は、転売されても作者に利益が一切還元されません。しかし、ＮＦＴには「転売時にもとの作者へ10％の利益を自動支払する」といった機能を持たせて発行することが可能です。

デジタル化には、海賊版やコピー品の流通といった負の側面もありました。ＮＦＴは、そういった負の側面を解消しつつ、より新しい可能性をエンターテイメント業界に拓くものとして期待が集まっています。

資産として実用化するＮＦＴ

ＮＦＴはデジタルデータを実在の物品同様に扱うことを可能にするため、次のような私たちの慣れ親しんだ商品や物品の延長線上で、新しい表現を創出することができます。

① トレーディングカードの発展型

ブロックチェーンやNFTを活用したゲームについて、見聞きしたことがある方もいるのではないでしょうか。そういったユースケースの多くは、従来の「トレーディングカードゲーム」の発展型のようなものと位置づけて理解することができます。

トレーディングカードゲームといえば、『遊戯王OCGデュエルモンスターズ』や『ポケモンカード』、古くは『マジック：ザ・ギャザリング』などをご存じの方が多いことかと思います。これらのカードゲームでは、発行者が制定するルールに基づいて対戦ゲームを遊べる他、カード同士の交換や売買も盛んに行われてきました。トレーディングカード専門のショップや専用のC2C（個人と個人の間で行う取引）マーケットアプリなども存在しているほどです。

しかし、こうしたカードをデジタル化したスマホゲームなどの場合は、デジタルカードは運営会社のシステムの中で管理されているため、先述のC2Cマーケットアプリなどの外部サービスに持ち出してデジタルカードを売買することはできません。いくらカードを集めたとしても、あくまで運営企業の提供する専用スペースで貸与されたカードで対戦しているだけの状態です。

他方、NFTを用いたゲームの場合、実物のカードと同様に発行されたアイテムをゲーム外で自由に売買したり、他のゲームにカードを持ち込んで利用したり、利用料を取って友人に貸与することが可能です。また、ゲームが終了した場合も、実物のカード同様に手元にNFTが残るため、IP（キャラクターなどの知的財産）に根強い人気があれば、数年後・数十年後にプレミアがつくことがあるかもしれません。

トレーディングカードゲームのように、手に入れたアイテムが「資産」となるのがNFTを用いたゲームの大きな特徴とされています。

②コレクターズアイテム（サインつきブロマイドなど）の発展型

次にスポーツチームや出版社などのIPホルダー・コンテンツホルダーが主体の事例で多数見られるのが、発行当初からコレクション性を打ち出して販売されるNFTです。

いわばサインつきブロマイドや、限定発売の複製原画などの延長にあるユースケースといえるでしょう。海外で人気を博している『NBA top shot』などは、この典型例でNBA

選手のスーパープレイのシーンを収めた短尺動画をＮＦＴ化して販売しています。これは往年の『プロ野球カード』などを思い出させます。

ファンが多数存在しているＩＰやコンテンツの場合、特定のアイテムが仮に誰でも閲覧可能なものであったとしても「公式が数量限定で販売した」という事実だけで、コレクションとしての販売が十分可能になります。

従来、こうしたアイテム販売は物理的な媒体を介して行われるものでした。デジタルデータは誰でも無数に複製できてしまうため、売り物にはならなかったわけです。

同時に、物理的な媒介を伴わずに、世界中の誰に対してもアイテムを販売できますから、生産・流通等の事情でターゲットにしづらかった海外居住者にアイテムを直販し収益を受け取れます。加えて、制作や公開の過程ですでにデジタル化されていたものに、あとづけで希少性を付与して商品化できるため、原価をほとんどかけずに既存ＩＰの収益力を強化できる点も、各社がこぞってＮＦＴに取り組む理由の１つでしょう。

③限定コンテンツ（同人物販や数量限定ＣＤなど）の発展型

②の例ではあくまでコレクション性に重きが置かれており、ＮＦＴ化するアイテムやコ

ンテンツの中身は既知でかまいませんでした。

ここで紹介するのはNFT自体に「購入者にしか内容を知り得ないコンテンツ」としての価値を内包するユースケースです。具体的には楽曲や動画、記事コンテンツの視聴用パスワードなどがNFTに付随しているものを指します。

世界的なVRアーティストのせきぐちあいみさんのNFTアートは、VR空間内での視聴体験を撮影した動画をNFT化したものとして発行され、その動画を楽しむことができるのは所有者のみとなっています。

これらは、同人誌即売会での書籍販売や、インディーズアーティストの会場限定販売CDのようなユースケースに近く、より希少性が高い場合には、パトロン個人が鑑賞するために描かれた絵画のようなものとも考えられます。

発行者は制限をかけたデータストレージへのアクセス権のような扱いでNFTを販売し、購入者は発行者の作品を見聞きするためにNFTの所有権を購入することが一般的です。

従来の物販手法の場合、こうした1点モノのアイテムは、生産コストと販売単価が釣りあわないことがほとんどでした。NFTの場合は、デジタルデータを商品化する際にかかる際のコストが低く、流通・販売経路も問われないため、クリエイター個人であっても収益化が期待できるというメリットがあります。

④ 美術品等の鑑定書の発展型

一見すると③によく似ているものの、意図や目的が異なるのがこのユースケースです。すなわち、絵画や美術品、アート作品などに対してオークションハウスなどが付与していた「鑑定書」を、ブロックチェーン上で電子化することで来歴や真贋《しんがん》を証明可能にし、正しい所有者かどうかを判断しようというアプローチです。

美術品を取り扱うクリスティーズなどでも、ある作品が本物か否かを判断するためには鑑定書だけでなく、発表当時のカタログや雑誌記事などを参照しています。この代わりに、改ざんや偽証が困難なブロックチェーン上で来歴証明を実施できるよう、作品と一体的に移転する鑑定書を発行します。

特に、デジタルネイティブなアート（イラスト作品やAR／VR作品など）は、従来の鑑定書等では、どの時点のどれがオリジナルかを証明することが難しかったこともあり、高い親和性があるといわれています。

実際にデジタルアートとして、過去最高額の落札金額となる約75億円で取引されたNF

T作品『Everydays – The First 5000 Days』は、世界的に著名なアーティストのBeeple氏が数年間かけて描いてきたスケッチのデジタルデータを集約したもので、現実の物品は存在していません。

また、このアイデアは、ブランド品のイミテーションや食品の産地偽装への対策として広く活用が期待されており、現実世界の物品とブロックチェーン上の記録とを完全に一致したまま移転させることができるようになれば、より一層ＮＦＴの活用範囲が広まると考えられます。

⑤ 記念切手・記念メダルの発展型

②コレクターズアイテムから派生して、「ある出来事をＮＦＴとして記念グッズ化する」という発想のユースケースも生まれています。いわば、オリンピックや万博のようなイベントに合わせて発行される記念切手や記念メダルのデジタル版といったところです。

実際に２０２１年６月にはＩＯＣが東京五輪を記念したＮＦＴを発行・販売すると発表し話題を呼びました。また、ニューヨーク証券取引所がテクノロジー企業の新規上場を記念したＮＦＴを発行しています。

ツイッターの創業者ジャック・ドーシー氏の最初のTweetをＮＦＴ化した例も、「ツイッターにおける最初の投稿を記念したもの」と考えれば、この事例に相当すると考えられます。

ある出来事について本人や公式が「記念すべき」と考えれば、それに関連するデジタルデータをブロックチェーン上でＮＦＴ化し、希望する購入者に販売することが可能です。もちろん、切手やメダルなどのグッズと違ってコストも準備期間も最低限で済みます。ブームに乗ったユースケースといえばそれまでですが、非常に身近でフランクな存在としてＮＦＴが利用される世界を想像させるものではないでしょうか。

⑥ チャリティーオークション、クラウドファンディングの発展型

最後にチャリティーオークションや寄付型クラウドファンディングの返礼品のようなかたちでＮＦＴを利用するユースケースがあります。イメージとしては、募金のお礼に赤い羽根を渡す代わりにＮＦＴを渡すようなイメージです。

国内事業者のFiNANCiE（フィナンシェ）が取り組んでいる「個人を応援してＮＦＴを受け取るサービス」は、ドラフト選手のプロ野球カードを事前に買いつけておき、応援を通

じてスター選手に育てていくようなユーザー体験になっています。これは、寄付型のクラウドファンディングにも似ているモデルといえるでしょう。

海外著名人が、慈善事業への寄付金募集を呼びかける際に、お返しとしてNFTを発行する事例も出てきています。この場合、NFTを持っていることが「その個人／プロジェクトへの共感」を証明する称号のようにも見えるため、承認欲求やセルフブランディングに直結したNFTのユースケースとなっています。

以上のように、ブロックチェーンは特に「価値」を記録することに適した技術として、「現金」「ポイント」「有価証券」「法定通貨」、そしてさまざまな「物品」といったものを、デジタル化しようとしています。

第3章　取引プロセスの記録媒体としてのブロックチェーン

～スマートコントラクトとDeFi・DApps～

イーサリアムはビットコインを超える？

さて、ここまでデジタル資産を中心にブロックチェーン活用について説明してきました。これらに期待されている「自動化」や「効率化」を語る上で避けて通れないのがイーサリアムです。

一般的に「暗号資産（仮想通貨）といえばビットコイン」というイメージを持たれている方が多いことかと思われます。しかし、今現在、ビットコインを追い抜かんばかりの勢いを見せているのがイーサリアムです。実際、２０２１年5月にはゴールドマン・サックスが「イーサリアムはビットコインを超え、支配的なポジションに就く可能性が高いと分析した」とされています。

本章ではイーサリアムと、その主要な特徴ともなった「スマートコントラクト」について順を追って解説していきます。

まず、ブロックチェーンに限らず「記録」は将来の出来事について判断を下すこと、なんらかの約束を結ぶ際に力を発揮します。なぜなら将来なにが起こるかは常に不確実で、約束は不履行のリスクを伴うものだからです。

将来の出来事の不確実性を排除し、不履行のリスクを軽減するために私たちは過去の記録を参照します。

例えば天気予報は、蓄積された過去の記録を判断材料として現在から近い将来の天気を予想します。

銀行でお金を借りたいと思ったとき、銀行は私たちの与信を審査するために過去のクレジットカードの利用履歴や、銀行口座の預金残高、職歴といった記録を参照します。

不動産屋で部屋を借りたいと申請する時も、同様に与信審査が行われます。

このように将来行われる出来事の確からしさを高めるために、ブロックチェーンを用いるアイデアが考案されました。その代表が「イーサリアム」です。イーサリアムは「スマートコントラクト」というアイデアが組み込まれた初めてのブロックチェーンです。

ロシア系カナダ人のヴィタリク・ブテリンが２０１３年11月に考案したイーサリアムは、現在ビットコインに次ぐ時価総額となっており、２０２１年６月時点で約20兆円にものぼります。また、スマートコントラクトのアイデアは、イーサリアムの登場以降、さまざまなブロックチェーンに搭載されていくことになりました。

自動取引の「スマートコントラクト」とは?

スマートコントラクトとは、簡単にいえば「人の手を介さずに一連の取引が自動的に実行される仕組み」を意味する概念です。

ブロックチェーンの分野では、特に一連の取引プロセスをブロックチェーン上に予めプログラミングし、それを活用して確からしい取引を自動で実現するものを指します。

「人の手を介さずに一連の取引が自動的に実行されること」とはどういうことでしょうか。

これを説明する際に、最もよく使われる例の1つが「自動販売機」です。自動販売機を利用する際には、「お金を入れる」「ボタンを押して商品を選択する」「選択された商品が出てくる」という一連のプロセスが予め定められています。

利用者はこのプロセスに合意して、所定の処理を行うだけで「商品の購買」という取引を自動的に完結させることができます。

「自動販売機のどこが画期的なのか?」と疑問に思われる方がいらっしゃるかもしれません。単に人の代わりに機械やプログラムに仕事を任せよう、という話だけであれば、さほど驚くような発想ではないでしょう。スマートコントラクトの魅力は、その名のとおり、コントラクト、つまり契約との対比で考えることで鮮明になります。

自動販売機が、自動販売機としての役割を果たすことができている背景には、法律などのルールと裁判所などの仲裁機関が、大きな役割を果たしています。

例えば、自動販売機にお金を入れてボタンを押した時、間違った商品が出てきたらどうなるでしょう。管理会社にクレームを入れて商品を取り替えてもらったり、返金の対応を要求しなくてはなりません。場合によっては、裁判に発展するかもしれません。

この際の「商品取り替え」「返金対応」といった要求に管理会社が応えてくれるのは、それを求める利用者の権利がサービスの利用規約や商法といった法律によって裏づけられており、それを無視すれば訴えられてしまうからです。

取引が行われる時、その当事者は「約束が将来的に必ず果たされる」ということをお互いに信じあうわけですが、将来のことは誰にも分かりません。どちらかが約束を果たすことができなくなることもありますし、自分から約束を踏み倒すこともあるでしょう。

そこで必要となるのが「約束を果たしたとみなすための判断基準」や、「一方の都合で約束が果たされない時に、もう一方が被《こうむ》った不利益をどう補償《ほしょう》するか」を決めるルールです。また、ルールを当事者に守らせるために強制的な執行力を持った存在に取引を仲裁させる必要があります。ここでは裁判所や警察などが力を発揮しています。

これは、自動販売機の例に限りません。あらゆる取引にはそれを裏づける契約があり、契約を信じて私たちが取引を交わすことができるのは、執行のためのルールと機関が存在しているからなのです。

スマートコントラクトは自動販売機と同様に「人の手を介さずに一連の取引が自動的に実行される仕組み」の一種なのですが、その本質的な魅力は「自動的に実行される」ことが、法律のようなルールや裁判所や警察といった執行機関なしに、プログラムのみの力で成立しているという点にあります。

このように社会のシステムとして実装された法律や裁判所を介することなく、プログラムのみで取引に確からしさを持たせようという発想は、IT技術が大きく飛躍を遂げた1990年代後半に試案されていました。しかし、「プログラムはなんらかのサーバー上で動くものであり、サーバーには、それを停止させたり書き換えたりすることのできる管理者が必要」という前提のもとでは、このアイデアを実現することが叶いませんでした。

◆スマートコントラクトとは？

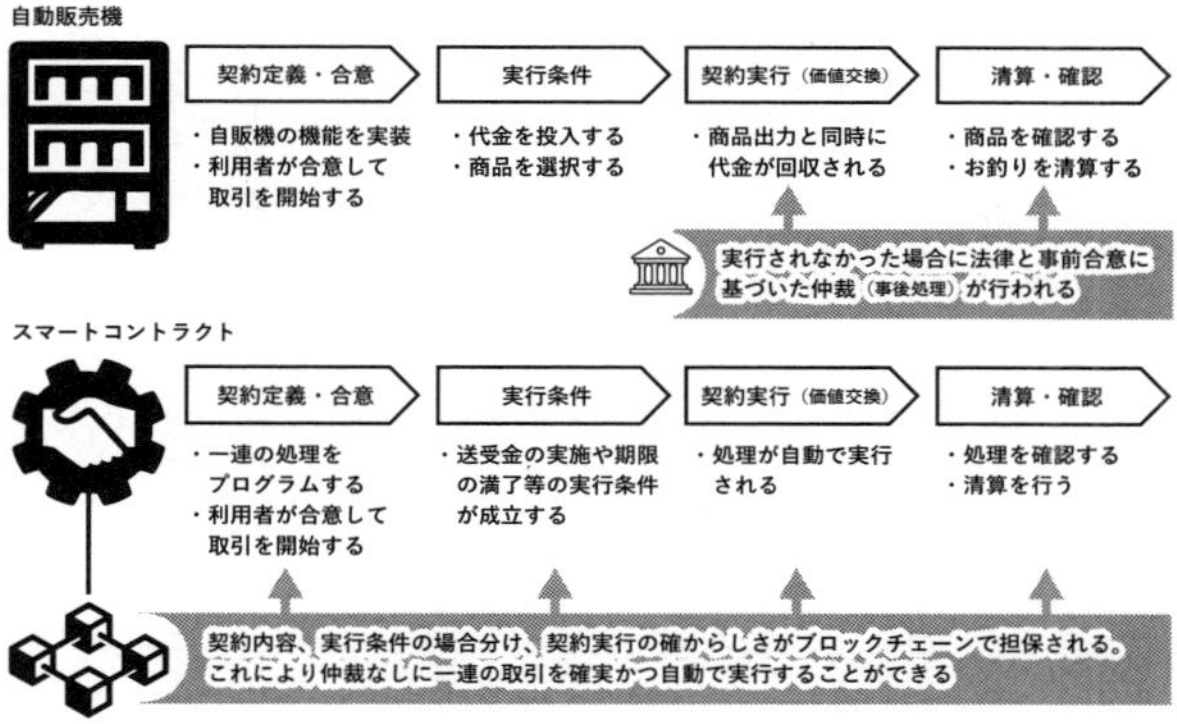

イーサリアムはこれを実現するためにブロックチェーンを活用しています。

　これまで多くの方にスマートコントラクトについて説明してきたのですが、魅力を感じていただけた方の共通点の1つに「代金の回収で苦労した（させられた）ことがある」というものがあります。

　例えば、スマートコントラクトを用いて取引を行う場合、商品が納品されたという事実がブロックチェーン上に入力された瞬間に、買い手が予め入金しておいた代金が売り手の手元に振り込まれることになります。

　他方、一定の期日までに商品が納品されたという事実が入力されなければ、買い手は入金した金額を損なうことなく回収することが可能です。

これはフリマアプリなどでもよく利用される「エスクロー」という処理です。スマートコントラクトを利用することで、このエスクロー処理に第三者を巻き込むことなく、売り手と買い手だけで取引を確実に執行することができるようになります。

イーサリアムとビットコインの大きな違い

スマートコントラクトを備えたイーサリアムの発案以降、ブロックチェーン技術のユースケースは一気に拡大します。これはイーサリアムがスマートコントラクトを用いたサービスを展開するプラットフォームとして設計されていたからです。

ビットコイン・ブロックチェーンは、価値を記録し流通させるアプリケーションですから、ビットコインというトークンは手段であると同時に目的でもありました。一方、イーサリアムの場合、そこで流通するEther（イーサ）というトークンはスマートコントラクトを活用したサービスを利用するための通貨として発行されています。

例えるならば、ビットコインはそれ自体が「決済アプリ」であるのに対して、イーサリアムは「AppStore」や「Google Play Store」のようなアプリケーションプラットフォームであり、流通するトークンのイーサはプラットフォーム内の基軸通貨のようなものということです。

プラットフォームという考え方をより強調すると、ビットコインは「取引を交わし、その記録を共有しあうだけの場」であるのに対し、イーサリアムは「さまざまな取引を可能にする自動販売機を設置しあう場」であり、そのために取引の記録が共有されていることになります。

ビットコインとイーサリアムでは、記録される取引の形式も異なります。ビットコインの場合、ブロックチェーンに記録されるトランザクション（処理の仕方）には「２０１８年１月１日に太郎さんから花子さんに１ＢＴＣが送金された」というように、確定させた結果だけが書かれていました。

一方、スマートコントラクトでは「２０１８年１月１日時点に、太郎さんの残高が１０００円未満の場合は、太郎さんから花子さんへ１０００を送金し、太郎さんの残高が１０００円以上であれば、太郎さんから花子さんへ２０００円を送金する」や「２０１９年１

月1日までの間に、太郎さんの残高に1万円を送った人全てに対して、2019年3月3日に2万円を送り返す」といった具合に、さまざまな条件と、その結果を記録することができます。

また、環境に及ぼす負担の面でもイーサリアムに注目が集まっています。ビットコインが膨大な電力を消費し、その確からしさを担保する「ＰｏＷ」というコンセンサス・アルゴリズムを採用しているのに対し、イーサリアムは環境負荷が小さく処理性能が高いといわれている「ＰｏＳ（Proof of Stake＝掛け金による証明）」へ移行を控《ひか》えているからです。

スマートコントラクトが実現する「めぐりのよい経済」とは？

スマートコントラクトを備えたイーサリアムが実現する将来像を「Web3.0」と表現することがあります。これは従来のWebが、特定の管理者によって運営されるサーバーごとに分断された世界だったことを脱却し、金融を含むさまざまなサービスが、イーサリアム上で相互に接続される世界を表現した言葉です。

また、ゴールドマン・サックスはイーサリアムを指して「金融のAmazon（ＡＷＳ）」と称したことがあります。これは、現在の社会で大量のデータがプールされているクラウドサービスのＡＷＳと同様に、価値や資産が流通する情報が蓄積され活用される場所としてのポテンシャルに注目した表現です。

イーサリアムのスマートコントラクトが、法律や裁判所に代わってさまざまな契約や取引の執行を自動化すること、そして、それが純粋なプログラムの力のみで成立することを指して「Code is Law（プログラムが法である）」という表現もあります。

総じて、イーサリアムを中心に、今の社会における情報流通や取引の実行プロセスが、デジタルの世界で効率的に行われる未来が語られていることが分かります。

私はブロックチェーンの企業を創業し事業に取り組む中で、こうした未来を「めぐりのよい経済」と表現しています。

今日、私たちの生活の多くはデジタル化されており、スマホ１つでさまざまなサービスを利用できるようになっています。その一方で、いまだアナログなままの押印《おういん》や契約書・請求書等の取り交わし、役所や銀行での手続きなど、重要な手続きほど不便なままデジタル化の波に取り残されてきました。

これはデジタルデータが、そのデータの管理者の手でいつでも容易にコピーや修正ができるため「誰もが納得できる確からしさ」を担保することに不向きだったからです。そのため、紙などの物理的に不変な証拠を管理し、目視などでデータの正しさを再確認する作業が必要とされてきました。

しかし、データの改ざんが困難で、複数の参加者がリアルタイムに同期しても不整合を生じさせないブロックチェーンと、その上で確からしい記録を前提に処理を自動化するスマートコントラクトを組み合わせることで、今なお残るデジタルとアナログの摩擦を解消していくことができるのです。

スマートコントラクトを中心にあふれ出すビジネス・アイデア

大きなポテンシャルを秘めたスマートコントラクトですが、その初期の主な活用例が前章でも触れたＩＣＯ＝イニシャル・コイン・オファリングです。ＩＣＯはアルトコインの発行時に利用されたトークンの自動販売機でした。ＩＣＯはイーサリアム上に「イーサの入金額に応じてトークンを発行する」というスマートコントラクトを公開するだけで、世界中の誰からでも資金を調達できる、というものです。

ブロックチェーンのプロジェクト開発を進めるには、優秀なエンジニアやマーケターが必要になります。そこで、ブロックチェーンのスマートコントラクトを利用して資金調達を行うICOが流行しました。特に2017年は大規模な資金調達を行うICOがいくつも行われ、ブロックチェーン分野における資金調達が、ベンチャーキャピタルによる投資を上回るという状況でした。

ICOのような資金調達モデルのスマートコントラクトの次に考案されたのが、DAO（自律分散型組織）と呼ばれるアイデアです。

DAOは調達した資金の分配処理をスマートコントラクトにすることで、開発者への報酬支払を自動化するものでした。これはいわばファンドのような仕組みで、プールされた資金に対して投票などで用途が振り分けられ、プロジェクトや組織を動かすことができるアイデアです。

経営者と従業員で構成される従来の組織と異なり、資金支払いをスマートコントラクト化することによって、組織を上下構造ではなく水平構造へと変えていくとの期待が、自律分散型組織という名前の由来となっています。

DAOに法人格を与える行政も現れています。米ワイオミング州では、2021年4月にDAOを法人として認める法案が承認され、同年6月には「American CryptoFed DAO」が適用第1号となりました。

また、自動販売機をより高度にしよう、一般的なアプリケーションをブロックチェーン上で自立分散的に運営してみよう、という発想から誕生したのがDApps（分散型アプリケーション）という概念です。

PCやスマホの普及に伴って私たちの生活の中で、SNSやブラウザ、文書作成ソフトや表計算ソフト、ゲームなどさまざまなアプリケーションが、当たり前に用いられるようになっています。

初期のアプリケーションは、個人用のコンピュータ上で、利用者に必要な機能を提供するために、ローカル環境で実行されるものがほとんどでした。例えば、文書作成はMicrosoft Wordや一太郎のようなアプリケーションがこれに当たります。

その後、インターネットの普及や通信容量の拡大に伴って、オンライン環境を前提としたクラウド型のアプリケーションが一般的になります。文書作成ソフトとしてはGoogle

されるものです。

DocsやDropbox paperなどが普及し、ゲームも今や通信接続を用いてリアルタイムに提供されるものです。

DAppsはこれに続く新しいアプリケーションのかたちとして発案されています。DAppsは公共のブロックチェーン上で構築され、実行されるアプリケーションです。もちろんサービスとして使いやすくするためのインターフェイスは提供者が準備することになりますが、根本的なシステム基盤はブロックチェーン上にあります。そのため、DAppsを通じて行ったユーザーの操作に対して開発者が介入したり、利用を差し止めることができません。また、ブロックチェーンという共通の基盤を利用していることから、サービス同士の連携が取りやすく、スマートコントラクト同士を相互に接続することで、新しいサービスを簡単に構築できるという利点があります。

例えば、「資金を集めるコントラクト」「資金を他のサービスに貸しつけるコントラクト」「貸付による運用益を出資者に分配するコントラクト」を組み合わせることで、投資信託のような金融サービスをブロックチェーン上に組成することが可能になります。

このような発想で、価値を記録することに長《た》けたブロックチェーンの世界で、特に発展を遂げたDAppsのジャンルが「DeFi（分散型金融）」です。

新しい金融のかたちDeFiとは？

金融の世界は、人々の大切な価値を扱う業界です。価値を扱うためには信用のおける機関が代表して確からしさを担保する必要があったこと、そしてそれがブロックチェーン技術によって代表者なしに実現可能になることを解説してきました。

ここにスマートコントラクトが加わることで「銀行のような存在しか提供できない金融サービス」を、よりオープンでフラットなかたちに再構築することができることが可能になりつつあります。

DeFiはこのアイデアを具体化したDAppsです。例えば、すでにブロックチェーンの世界では暗号資産の賃貸借を可能にするDeFiや、暗号資産を用いたデリバティブ商品の組成を可能にするDeFiが存在しています。

DeFiのエコシステムが最も発展しているイーサリアムを例に、具体的なDeFiサービスを見てみましょう。

① 送金・決済

そもそも暗号資産をやり取りするブロックチェーンの基本機能そのものが金融業界における決済・送金サービスの一種でもあります。この決済機能をユーザーが利用しやすくしているのが「ウォレット」と言われるアプリです。

ブロックチェーンの利用者は自身の口座をウォレットで管理し、ウォレット同士で自由に送金を行うことができます。ウォレット内には「秘密鍵」と呼ばれる情報が含まれています。秘密鍵はいわば銀行印のようなもので、決済や送金、その他のDeFiサービスを利用します。ウォレットはブロックチェーンへのインターフェイスであり、インターネットにおけるブラウザのような役割を果たしています。

② DEX（Decentralized Exchange＝非中央集権型取引所）

イーサリアム上には、異なる価値がさまざまなトークンとして流通しています。これらをユーザー間で売買するためのトレーディングサービスが「ＤＥＸ」です。

通常のトレーディングサービスでは、事業者が利用者の資産を預かって、取引を実現しています。この機能をスマートコントラクトで再現し、事業者がいなくてもトークン間の価値交換を可能にしたのがＤＥＸです。

例えば、ゲームのプレイ実績に応じて獲得したデジタルトークンと原油価格に連動した金融商品を交換することや、コンテンツ執筆料として入手したトークンとシェアリングサービスの決済に使えるトークンを交換することが可能になります。

２０２０年にはこうしたＤＥＸでのトークン売買が急増しました。２０１９年にわずか３０００億円だった出来高が１・２兆円まで拡大しました。

③ 貸付、融資（Lending/Borrowing）

暗号資産を誰かに貸し付けることや、自身の暗号資産を担保にして融資を受けることのできる金融サービスがあります。これらは一般的に「暗号資産レンディングサービス」と呼ばれています。

資産を貸し付ける側は、サービスから自動的に金利の付与を受けることができますし、借り入れる側は、将来の値下がりを予想して暗号資産の融資を受ける先物売りのような活用が可能になります。

２０２０年には、サービスの利用に応じて、おまけが当たるトークンが付与される仕組みが流行しました。特にこの「おまけトークン」の価値がサービスの利用者増に伴って急騰したこともあり、サービス内で貸付・融資を繰り返しておまけトークンを稼ぎ、結果的に高い年利を得られる「イールドファーミング」という手法に注目が集まりました。

④ デリバティブ

スマートコントラクトによって契約の自動執行が可能なことから、特定の条件下における売り／買いを予約することで実質的なデリバティブ商品を組成することができます。

例えば、「イーサリアムの価格は２０２１年9月時点で５００ドル以上か」という予測市場は、実質的にロング／ショートポジションを形成するオプション取引になります。

また、「２０２1年夏における日本の平均気温が30度以下であれば入金金額を全額返金し、30度以上であれば半額を返金する」というスマートコントラクトに資金を投入しておけば、異常気象に備えた保険の役割を果たすことが可能です。こうした金融派生商品を特定の事業者に依拠することなく、世界中の誰もが自由に作成できるようになっています。

⑤ バスケット

スマートコントラクトによって、さまざまなトークンを集約したバスケット型の金融商品も作成されています。これは実質的にインデックスファンドやＥＴＦ（上場投資信託）と同等の機能を持つことになっています。

例えば、イーサリアム上で人気のトークン10種類をバスケットにすることで、暗号資産トークンの市場価格を参照するインデックスファンドに近い運用が可能になります。加えて、好きなトークンでポートフォリオを組んだバスケットをＤＥＸに上場させれば、ＥＴＦと同様に幅広い投資家の間で流通する投資信託商品として扱うことも可能です。

⑥ 証券化

先に紹介した有価証券に相当するトークン（＝セキュリティトークン）を、規制に準拠して発行することのできるプラットフォームが開発されています。このプラットフォームは、企業やプロジェクトの資金調達をサポートする従来の証券会社に近い存在です。

特に未上場株式の売買が活発な米国では、クラウドファンディングのような手軽さでスタートアップ企業がプライベートエクイティ（未公開様式）を発行し、一般投資家がスマホ上で売買することが可能になります。

もちろん各国の規制によって、適格投資家の条件や発行者の監査に制限が設けられてはいますが、資金調達の柔軟性は確実に広がりつつあります。

デジタル資産×スマートコントラクトが世界を変える

スマートコントラクトの発想は、イーサリアムなどの暗号資産だけに適用されるアイデアではありません。

ブロックチェーン上の記録をもとに、金融ビジネスで行われているプロセスを自動化するため、デジタル資産がブロックチェーン上にあれば援用することが可能ということです。

またソフトウェアを構成するソースコードが公開されているので、ソフトウェア同士を組みあわせることで、新たな分野や新たな用途に派生していくことができます。実際に、これまで紹介してきた、さまざまなデジタル資産にも取り入れられようとしています。

例えばセキュリティトークンの分野で紹介した「処理の効率化」、特にＤＶＰの効率化はスマートコントラクトによるものです。

有価証券をトークン化し、一定金額の支払いがあった時点で自動的に購入者へトークンが移転するスマートコントラクトを用いることで、有価証券の即時決済が可能になります。また、配当の支払いもさまざまな権利をトークン化して付与することで、人の手をほとんどかけることなく自動でできるようになります。

その他では、ＣＢＤＣの、「プログラマビリティ」もスマートコントラクトによるものですし、リテール分野では給与支払いや口座振替、請求対応といった業務の大部分を予め設定したスマートコントラクトに従って自動化できるでしょう。

ホールセール分野では、先述のセキュリティトークンの決済自動化を実現するために、ＣＢＤＣも共通の基盤上でトークンとして運用されることが望ましいとされています。イーサリアム上でさまざまなトークンがDeFi上で売買される世界観が、ＣＢＤＣとセキュリティトークン、そして各社の証券取引システムで再現されるようなイメージです。

ＮＦＴでは、デジタルだからこそ実現できる機能を付与するのに力を発揮します。

例えば、発行されたトークンの二次流通時に生じる手数料の一部を元の発行者に還元する仕組みや、ＮＦＴの所有者に継続的かつ自動的にイベントの参加権トークンを送付するような仕組みをスマートコントラクトが支えます。

このように、ブロックチェーン上で「デジタル資産」が生み出され、その取引を「スマートコントラクト」が効率化することで、デジタル空間でさまざまな取引をなめらかに行うことが可能となっています。

第4章　ブロックチェーンが変えるDXの未来

ビジネスの基本は決められた約束を履行すること

スマートコントラクトの登場により、価値を記録するだけでなく、価値の取引を含む契約プロセスを実行できるようになりました。これは、ブロックチェーンの役割が「暗号資産という投資対象のインフラ」から「さまざまな契約を電子化し実行する環境」へと拡張されたことを意味します。

契約は「決められた約束を履行する」という一連のプロセスに対して、その実効性を担保するものですが、私たちが普段の生活の中で、実際に契約に触れることはそれほど多くありません。せいぜい金融商品の購入時や不動産賃貸、保険の加入など人生において「大きな買い物」といわれるシーンくらいではないでしょうか。

しかし、ひとたびスーツを着てビジネスの現場に立てば、契約に触れる機会は急増します。取引先と商談を成立させることを「契約獲得」というように、ビジネスの成果のほとんどは契約を結ぶことで初めて具体化します。そこに至らないまでも、商談を開始した相手とは秘密保持契約（ＮＤＡ）を取り交わすはずです。一般向けのサービスの場合には利用規約が契約に相当する役割を果たしています。

そもそも毎日業務に取り組んでいるのは、企業と従業員の間に雇用契約があるからですし、働く中で守らなくてはならないさまざまな就業規則も契約の一部です。つまり、ビジネスの現場で発生するあらゆる出来事は、予め決められた契約を履行する過程で生じているといえるでしょう。

こうした理由で、契約が最も頻繁に行われるビジネスの現場で、ブロックチェーン活用への期待が高まっていきます。

ビジネスの大敵は「不確実性」

ビジネスの現場が単なる口約束ではなく、契約や規約で縛られるのはなぜでしょうか。例えば、友人同士が集まるサークル活動で、各々が自由に作品を作り発表会を行う場合、彼らが契約を交わすことは稀《まれ》でしょう。個人の活動に利害関係はありませんし、誰かの作品が締め切りに間に合わなくても自分に迷惑はかかりません。

一方、ビジネスにおいては、利害関係者が共通の目標を確実に達成しようと協力しあいます。この時に問題となるのが、目標達成を妨げる「不確実性」です。

では、ビジネスにおける不確実性とは具体的にどういったものでしょうか。

例えば、購入した商品が納期までに届かない、あるいは、商品を提供したにもかかわらず相手からの支払いが行われないという状況です。このような、いわゆる約束が守られないケースは分かりやすいでしょう。こういったことを防ぎ、相手に約束を遂行してもらうために、私たちは契約を結びます。

しかしこれだけで安心できるわけではありません。一方は希望された商品を全て納品したと主張しているが、もう片方は希望した商品が足りていないと主張している場合や、そもそもの契約内容について、すれ違いが生じるといったケースもあるでしょう。

これらのトラブルを防ぐために企業は契約を結ぶだけでなく、それに基づいた取引の過程においてもお互いに記録を残し合い齟齬《そご》が生じないようにします。具体的には、「発注書・受注書」や「納品書」「検品書」「請求書」などといった数多くの手続きや書面のやり取りを行っているかと思います。

◆ビジネスに介在する不確実性

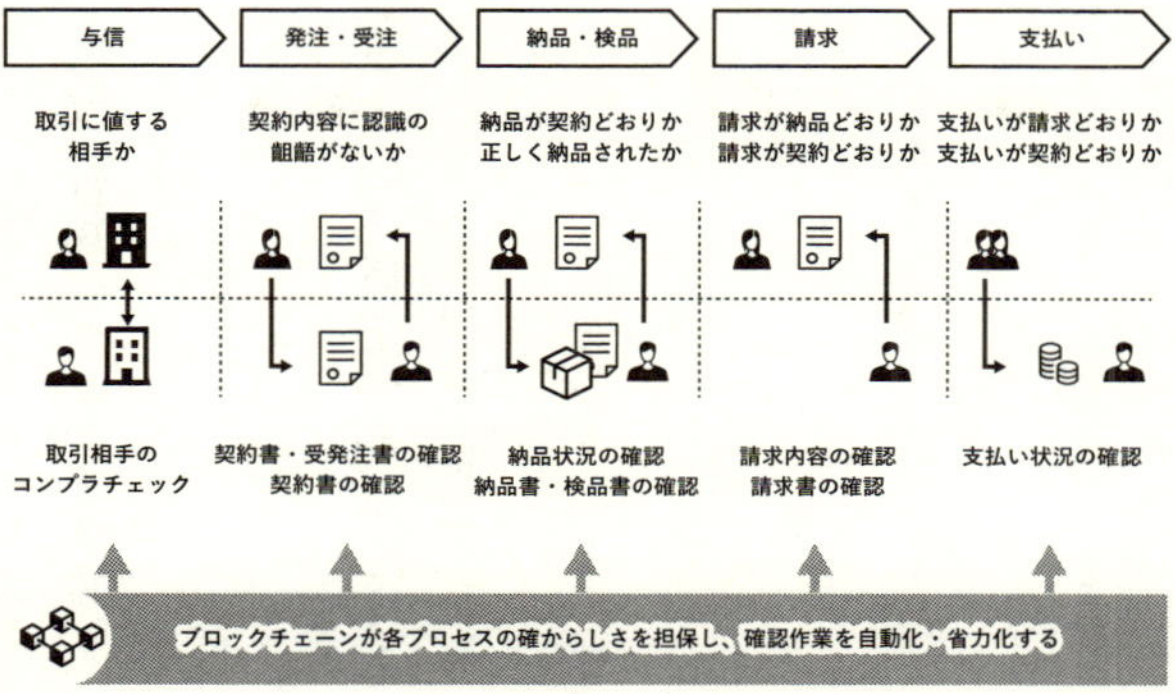

また、取引を開始する前に、そもそも相手が信用できる取引先なのかを判断するため、与信調査やコンプライアンスチェックを行うこともあるでしょう。その際には、判断材料となる情報の正確性の担保が必要となり、これにもそれなりの手間がかかります。

いかがでしょうか。「取引における前提情報や相手方の提示する情報、取引後の処理が全て正確に確実に行われれば、どれほど業務がスムーズか」という思いを抱いた方がいらっしゃるのではないでしょうか。

このように、ビジネスの現場にはさまざまな不確実性が存在し、これを防ぐために確認作業が絶えず行われています。さらに、これらの証跡《しょうせき》がデジタルデータであれば、そこに改ざんや事後編集の可能性が拭《ぬぐ》えません。

そのため、紙媒体で原本を保管し、第三者機関への監査を依頼することで、確からしさを補強しています。

ビジネス上の不確実性を排除するブロックチェーン

ブロックチェーンは確からしさを担保することに特化した記録基盤ですから、ビジネスプロセスの途中で生じる、これらの不確実性の多くを排除することができます。

まず、改ざんや事後編集ができない記録があるというだけで、その記録は高い証跡能力を発揮します。例えば、契約書等の原本管理はデジタルデータの改ざんリスクへの対処ですが、これをブロックチェーン上に記録することで、証跡能力を維持したままペーパーレス化を図ることが可能でしょう。

また、自分の有する情報と他者の有する情報が原則同期されており、双方の食い違いが起こる心配がないため、なにが正しい出来事だったのかを確認する際には、ブロックチェーンを参照するだけで完了します。また、第三者に証跡の提出を求められる、監査等の対応も簡易化することができます。

さらにブロックチェーン上には、過去から現在に至るまでの取引情報が網羅的に記録されているため、相手の与信を調査する際にも過去に遡って関連情報を調べることができます。また、サプライチェーンのように複数事業者が連鎖的に関与する取引も、最上流から最下流まで一貫した情報を取り出すことができるでしょう。

そして、スマートコントラクトを活用し、これらの情報を前提に支払いなどの手続きを自動化することも可能です。

ブロックチェーンに向いている用途・向いていない用途

このように、ビジネスとの親和性に期待が膨らみがちなブロックチェーンですが、ＩＴ技術の例に漏れず、用途の向き不向きがあります。

まず、ブロックチェーンが向いているのは、参加者全員が全体最適化を図りたいと考えている場合です。

ブロックチェーンは確からしさを担保するために参加者間の合意形成を丁寧に行うため、個別最適で見た場合には、既存のデータベースよりも非効率的な部分があります。例えば、1つのサーバーでデータを保管して参照できるようにすれば、システムの運用主体は1社のみで済みますが、5社がそれぞれサーバーを用意し、それをブロックチェーンのノードとして運用してデータを共有しあうと、各社がノード運用の負担を負うことになります。

しかし、仮に5社がノード運用の負担を負ったとしても、全く同じデータを別々に保管していながら、それぞれの整合性が取れておらず、データ連携もできていないような場合には、ブロックチェーンでデータを共有し活用することで、全体最適化を図ることが可能です。

また、A社とB社のシステムは繋がっているが、A社とC社のシステムは繋がっていない。あるいはA社とD社のシステムは繋がっているが、その仕様がB社の仕様とは異なる、などシステム間が複雑に絡まりあった場合にも、ブロックチェーン活用が有効打となり得ます。

逆に、そもそもデータを共有する必要がない場合や、誰の利害とも衝突せず自社のみでデータを管理すればよい場合には、ブロックチェーンを活用するメリットは小さいでしょう。

次に、ブロックチェーンを用いることに意義が生じるのは、正しさが問われたり、監査を受けたりするデータを扱う場合です。特に、これまで取り上げてきた資産や権利、取引といった情報や、生産地情報や流通ログなどのように虚偽の申告が紛れ込みやすい情報を扱う時に真価を発揮します。

反対にテキストメモや写真データなどのように、誰かから確からしさを要求されることのない情報を扱うことには適していません。

現在時点の情報だけでなく、来歴などを把握するニーズがある場合もブロックチェーンの活用が検討されています。これはブロックチェーンが、過去の履歴と現在の履歴を結びつけながら情報を蓄積していく形式をとっているからです。

一方で、今この瞬間の最新情報だけがパッと分かればいいという性質の情報は、ブロックチェーン上で扱うのに適していません。

また、多数のノード間で情報を常に同期しあう関係上、容量の大きいファイルを扱うことは得意ではありません。このようなケースでは、ブロックチェーンにはあくまでデータのダイジェストや操作履歴だけを取り込み、元のファイル自体は別のシステムで保管することとなるでしょう。

以上をまとめると、ブロックチェーンが有効活用できるビジネスシーンとは次のような条件を満たすものとなります。

- 複数の関係者間でデータを共有・突合《とつごう》する必要がある場合
- 常に確からしさを要求され、時に外部から監査を受ける場合
- 過去から現在に至るまでの変遷・来歴を遡って確認される場合
- その他、信頼性の問題から電子化することが困難だった情報を扱う場合

多様化するブロックチェーンのビジネス活用

ビジネスの世界で求められるシステムは、あくまで要件を満たすことが最優先です。そのため、ビットコインなどが重要視してきた分散性や透明性などの性質は相対化され、要件を満たすために調整されるパラメータの1つとして扱われるようになっていきます。

その結果、さまざまなバリエーションのブロックチェーンが考えられてきました。こうして広義に拡大していったブロックチェーン技術は「DLT（Distributed Ledger Technology＝分散台帳技術）」と呼ばれるようになります。

まず、ビットコインやイーサリアムのように誰かの許可を取らなくても、ネットワークに入ることやネットワーク内でデータを共有すること、データの更新作業を担うことが可能なブロックチェーンは「パーミッションレスチェーン」とカテゴライズされています。

これに対し、ネットワークに参加することができるかどうかを事前に審査し、許可された者だけがノードとして参加するモデルとして「パーミッションチェーン」が考案されています。

この中でも単一の事業者だけがネットワークを管理し他の事業者の参加を認めないものが「プライベートチェーン」、複数の事業者が合議体となって参加できる事業者を審査し認められた事業者がノードとして参加するものが「コンソーシアムチェーン」と呼ばれるようになりました。

ネットワークへの参加を許可制にすることで、コンセンサス・アルゴリズムも多様化しています。

例えば、パーミッションチェーンにおける、代表的なコンセンサス・アルゴリズムには、「PBFT：Practical Byzantine Fault Tolerance」があり、これがパーミッションチェーンの基本形となっています。

PBFTでは、プライマリノードと呼ばれるリーダー役から、バックアップノードと呼ばれる参加者宛にトランザクションを一斉共有し、ノードがそれをチェック→他のノードに共有を繰り返し、チェックが埋まったらそれをリーダーに返す、という流れでトランザクションの検証作業を行います。

この方法は参加するノードが少ない場合、処理性能を高めやすいという特徴を持っています。またトランザクションの検証がなされた時点から、即時にファイナリティを得ることができるというメリットがあります。

このような背景から、最近では「ブロックチェーンのビジネス利用＝パーミッションチェーン」というイメージも強まっています。

確かに、ビジネスにおいてデータを共有したい、お互いに、より信頼できる関係を築きたいと思う相手は誰でもいいわけではありません。特定の管理者を持たないパブリックチェーンには「誰が参加し誰とデータを共有しあおうがかまわない」という前提があります。つまり、データを共有するノードや新規ブロックを作成するノードが悪意を持って攻撃を加えても、確からしさが担保されるように作られているということです。ビジネスシーンにおいて、この「悪意の参加者」を前提にする必要はない、という指摘はある程度理解できます。

また、パブリックチェーン上では開示される取引情報を制御しにくいという問題もあります。この開示によって、透明性や可監査性があるといえるのですが、ビジネスに利用する情報を扱うことに、躊躇《ためら》う気持ちも生まれるでしょう。特に競合優位性に直結する情報や、顧客のプライバシーに関する情報ならばなおさら慎重を期すべきなのは確かです。さらにデータの共有相手が増えれば増えるほど、単位時間あたりの処理性能（スループット）が高めにくくなる、という分散システムの技術的ハードルもあります。

このようにビジネス利用を考える際に、ブロックチェーンの設計に再考の余地があることは事実でしょう。しかし、過度に一般化した議論で、思考停止に陥ることは避けねばなりません。

例えば、データを共有したい相手が極めて限られている場合、ブロックチェーンを検討する前にAPI（アプリケーションプログラミングインターフェイス）などでシステム連携を図るほうが効率的でしょう。さらにいえば、十分に信頼関係が見込める相手とのデータ共有も、提携や合弁会社の設立などテクノロジー以外の手法で実現が可能です。

データの透明性についても、必要なのは用途や相手に合わせて柔軟にデータを秘匿《ひとく》化することであって、共有相手の選定に腐心《ふしん》することではありません。例えば、基盤にパブリックチェーンを利用した上で、情報の閲覧・参照権限を限られたユーザーに留めるよう情報を秘匿化することも可能です。現にマイクロソフトやEY（アーンスト・アンド・ヤング）

などは、パブリックチェーン上の情報を秘匿化する技術の研究開発を行っています。

よしんば、短期的にネットワークの参加者を限定してプロジェクトを始動したとしても、中長期的にネットワークを拡大していけば、いずれ必ずパブリックチェーン同様の課題に直面します。

また、データの確からしさを保つ意味でも、ネットワークの参加者は多いほど望ましい傾向にあります。これはネットワークの参加者数が少なければ、結託《けったく》して過去の記録を書き換えることが可能になってしまうからです。


世間で耳にするパブリックかコンソーシアムかという議論も、どちらが優れているかという話ではなく、ブロックチェーン活用に取り組む際のネットワーク参加者や求められる処理性能、担保すべき確からしさなどの要件をもとにして調整すべき変数の1つにすぎません。

本来、ブロックチェーン技術の真価は、利害対立がある相手や、そこまで信頼できない相手とでも、「確からしい情報をお互いに利用したい」という共通の目的のもとで共創関係を築けるという点にあります。

重要なのは、この共通の目的に向かって、ブロックチェーンの特性と設計ごとの違いを活かし、それぞれをコントロールすることです。

実用化に向けてアレンジされるパーミッションチェーン

現在よく利用されているパーミッションチェーンは「Hyperledger Fabric」「Quorum」「Corda」の3つ（またはこれらを応用したもの）です。

■Hyperledger Fabric

非営利のオープンソースソフトウェアコミュニティの「The Linux Foundation」を中心とするプロジェクトです。

Hyperledgerプロジェクトは、ビジネス向けの許可型ブロックチェーンを構築することのできるOSSの整備を目指して2016年に発足しました。世界各国のITベンダーや技術者が開発に協力し、「Hyperledger Fabric」「Hyperledger IROHA」「Hyperledger BESU」

といったさまざまなフレームワークとツールセットが提供されています。

このうちで、最も利用されているのがHyperledger Fabricです。Hyperledger Fabricは、ＩＢＭ社が初期の開発を主導したとされています。柔軟性と拡張性に優れており、事業者に依るブロックチェーンの実証実験で高いシェアを誇ります。

■Quorum

イーサリアムのソースコードをベースとして構築されたエンタープライズブロックチェーンです。開発当初は国際的な金融機関であるＪ・Ｐモルガン社によって開発・管理されていましたが、後に事業者向けイーサリアムの仕様などを策定する「Enterprise Ethereum Alliance」へと寄贈されました。

イーサリアムとの相互運用性が高くスマートコントラクトやトークン仕様が共通である点や、パブリックチェーン開発で培《つちか》ったさまざまな技術やノウハウを援用できる点。対応する開発ツールが多く開発コストを削減できる点などから、多くのプロジェクトで採用されています。

他方で、スマートコントラクトが公開後にアップデートしにくいことや、データの公開範囲を細かく設定しにくいことなどから、比較的シンプルな機能向きともいわれています。

■Corda

アメリカのソフトウェア企業「R3」によって開発されている分散台帳システムで、特に金融機関向けを謳《うた》っています。あえて分散台帳システムと表現したのは、ここまで説明してきたブロックチェーンの基本的なデータ構造（ブロックがナンス値で連なって更新される）を採用していないからです。

Cordaの最大の特徴は取引の公開範囲を最小限に抑え、取引の当事者企業間で交わされるトランザクションだけを個別に検証していく点にあります。

技術的には「ビットコインのトランザクションの構造と、イーサリアムのスマートコントラクトの仕組みを採用して、取引情報を部分的に共有できるスペースを備えた、各社個別のデータベース」といった仕組みになっており、さまざまな取引の形態が想定される金融領域でのユースケースに最適化されています。

このように、ビジネス領域でブロックチェーンを活用することを前提に、より幅広にブロックチェーン技術をアレンジしたフレームワークやパッケージが実用化されています。

第5章　ここまで来ている！　ブロックチェーン最前線

コロナ禍で加速したブロックチェーンの実用化

ビットコインの発明により、ブロックチェーンの歴史が幕を開けてからすでに10年以上の月日が経ちました。そして現在、ブロックチェーンはデジタル情報にアナログと同等の確からしさを担保する技術として、さまざまなユースケースで利用されつつあります。

特にコロナ禍によって、物理的な空間での活動が著しい制約を受けた2020年以降の動向は、目を見張るものがあります。

デジタル資産の分野では、ビットコインが金融資産として新たなステージに到達しました。2021年6月、中南米のエルサルバドルで、ビットコインを法定通貨として認めようという法案が可決されたのです。これまで世界各国において、ビットコインはデジタルな資産としては認められていても、国が法定通貨として正式に採用したケースはありませんでした。この法案によってエルサルバドルでモノやサービスを購入する時には、現金と同じだけの通用力をビットコインが持つことになります。より嚙《か》み砕《くだ》いていえば、日本国内で経営されるお店が、日本銀行券での支払いを断ることができないのと同様に、エルサルバドルではビットコインでの支払いを断れないということです。

また、2021年に入ってNFTのユースケースにも注目が集まっています。255年の歴史を誇る世界的なオークションハウスのクリスティーズが、デジタルに描画された画像を競売にかけ、75億円という価格で落札されました。ここで注目すべきなのは、デジタルな絵画作品が印刷などの工程を経ることなく、完全にデジタルのままで販売されたという点にあります。つまり、デジタルな世界の芸術作品に、実際に描かれた絵画と同様かそれ以上の価値が認められたということです。

ビジネスでのブロックチェーン活用では、前章で紹介したとおり、ブロックチェーンの技術基盤やフレームワークが整備され、金融・行政・物流・医療などの分野で活用が進められています。特に最近は、コロナ禍で逼迫《ひっぱく》するアナログな業務や社会システムをデジタル化する際の補助装置としてブロックチェーンが使われるケースが目立ちます。

例えば、新型コロナウイルスの流行初期における日本では、給付金や休業保障金の対応で行政負担が問題となりましたが、この対応を最もスマートに実現したのがイスラエル・テルアビブに本拠を構えるブロックチェーン・スタートアップの「Colu」です。

Coluは自治体と連携して公共サービスと連動した地域通貨アプリを開発しています。今回のコロナ禍に際しては、市民宛に地域共通券のようなポイントを付与して消費を喚起しただけでなく、市民の行動にさまざまなインセンティブを与えることで3密回避を実現しています。

コロナ禍でオンラインでの購買行動が増えたことで、それらを運ぶ物流業界も逼迫しています。この事態に対処しサプライチェーンを見直す際の武器として、世界経済フォーラムは244ページにわたるブロックチェーンの活用ガイドを発表しました。このガイドの作成者らはマスクやワクチンといった医薬品の来歴を証明するとともに、上流から下流に至るサプライチェーン全体の余剰在庫を削減するために、ブロックチェーンを有効活用できると言及しています。これは、従来アナログ媒体で扱われた伝票や受発注書などを、デジタルに載せ替えるアプローチです。

個人IDを管理する基盤としてのブロックチェーン活用にも注目が集まっています。特にブロックチェーンを活用してワクチンの接種歴の確からしさを担保するワクチンパスポートが、米国・ニューヨーク州や韓国・済州島などで実用化されています。日本ではワクチンの接種券が紙媒体で自治体から発行されていますが、これをブロックチェーンで電子化したものが、世界各国ですでに利用されているのです。

ブロックチェーン活用に取り組む際の2つの方向性

ブロックチェーンの具体的なユースケースを紹介する前に、ここまでの流れを整理しておきましょう。

ブロックチェーンはデジタル情報にアナログと同等の確からしさを担保します。デジタル空間における信頼の基盤とも位置づけられるでしょう。

一方でブロックチェーンは、あくまでも情報通信技術の1要素にすぎません。また、すでに存在するデジタル技術にも信頼性を担保するためのさまざまな仕組みが存在しています。ブロックチェーンは、その中に新たに加わったオプションの1つということです。

建物を建てる時も、基礎工事だけでは意味がありませんし、新しい工法だけで建物を造りあげることは不可能です。これと同様に、ブロックチェーンだけで新しいシステムやビジネスを成立させることは困難です。

そのためブロックチェーンのユースケースには、デジタル空間のイノベーションとしての全く新しい性質を活かすものと、既存のシステムを補強するかたちで利用するものと大きく2つの方向性が生まれています。

ここまでに紹介した「デジタル資産」に関連するものは、主に前者に含まれます。これまで、デジタル空間における「資産」は、あくまでもアナログな物品や媒体に資産性があることを前提とする写しのような存在でした。しかし、ブロックチェーンがあれば、デジタルな資産そのものを生み出し、やり取りすることができるようになります。特に新しいビジネスモデルの創出と収益増を志向したユースケースが、ここに含まれます。

他方、後者のユースケースに含まれることが多いのは、先に紹介した「プロセスのデジタル化」に関するものです。これまで行ってきた手続きや業務の中でデジタル化が難しく、どうしても紙などのアナログ媒体に頼らざるを得なかった部分をブロックチェーンに載せ替えることで、既存のシステムの効率性や省力性を高めることができるようになります。ここでは、システムの全体最適化やリスク、およびコスト削減を志向したユースケースが多くなります。

かつて暗号資産バブルが起きた際に「ブロックチェーン＝インターネットやデータベースの完全上位互換」といった印象が先行したために、「とりあえず次にくる最先端技術といわれるブロックチェーンに取り組まねば」という動きが多く、本来思考しなければならない、「なんのためにテクノロジーを用いるのか？」という観点が抜け落ちたまま活用が模索されていた時期もあったように思います。

そのため、活用の方向性もバラバラで、ブロックチェーンの有用性が結局なんなのかについて、誰もが全体像を掴みづらい状況だったのではないでしょうか。

しかしそういった動きも一巡し、ガートナーのハイプ・サイクルにおける、ピーク期から幻滅期を経て、現在はブロックチェーンだからこそできることが模索され、徐々に社会実装が進む時期に差し掛かってきています。

ここから紹介する業界別のユースケースは、先ほどご紹介した2つの方向性を念頭に置いて読み進めることをおすすめします。

というのも、同じ業界や領域でのユースケースであっても、それがブロックチェーン上で新たな資産を生み出そうとする試みなのか、既存の業界のシステムのバックエンドにブロックチェーンを用いて業務の効率化を目指す試みなのかで、実現したいビジネス上の目的は異なるからです。

金融業界でのデジタルアセット活用とは？

① 暗号資産取引

ブロックチェーン上に新たに生み出される価値の最たるものは、ビットコインを始めとする暗号資産（Crypto Asset）です。暗号資産は当初「デジタルで法定通貨のように実体がない」「通貨的な用途を目指したもの」といった理由から仮想通貨（Virtual Currency）といわれてきました。しかし、２０１９年の法改正の際に、暗号技術によって価値が担保されていることや用途が決済に限らないことを踏まえて、現在の「暗号資産」という名称に変更された経緯があります。

暗号資産を利用して最も成功を収めたビジネスモデルが「暗号資産取引」です。暗号資産取引とは、外貨と同様に暗号資産と法定通貨を両替したり、金などと同様に暗号資産を販売したり、ユーザー間の売買をマッチングしたりといった、暗号資産を用いた価値のトレーディングを行うことです。暗号資産取引を行う事業者のことを「暗号資産交換業者」といい、交換業者の提供するサービスは「暗号資産取引所」と総称されています。

暗号資産取引所の歴史は古く、ビットコインが稼働を開始した２００９年からわずか１年後の２０１０年には、ビットコイン両替が可能な最初の取引所が誕生しました。また、同年５月22日にはビットコインで初めて商品を購入した最初の出来事が記録されています。この際にはアメリカ・フロリダ州のプログラマーが、ピザ２枚を１万ビットコイン（２０２１年６月現在の価値で３０００億円以上）で購入しています。

ビットコインを中心とした暗号資産の価格が10年間で高騰を続け、それに伴って経済圏が徐々に広がっていく中で、暗号資産取引所も増加していきました。

今現在、日本では約30社の暗号資産取引所が事業を行っており、世界中には３００近い取引所が存在しています。中にはCoinbase社のように米国ＮＡＳＤＡＱ（ナスダック）への上場を果たした事業者もいます。

暗号資産取引に取り組む事業者も、ここ最近で変化を遂げてきました。黎明《れいめい》期から２０１７年のビットコインバブルに至るまでの間、この分野の主役は暗号資産やブロックチェーンの未来に賭けたスタートアップ企業がほとんどでした。

ところが、このバブル期に価格の乱高下が起きて多くの一般投資家が巻き込まれたこと、詐欺まがいの事業者が多数現れたこと、そして２０１８年頃に世界各国で多くの暗号資産取引所が、ハッキングの被害を受けたことが問題となりました。そこで、世界中の規制当局が暗号資産取引所を金融機関の一種と位置づけ、厳しい規制を課すようになります。その結果、暗号資産取引のビジネス環境には、既存の金融機関やネット証券会社が多数参入することとなりました。

２０２０年のコロナ禍においては、世界中で大手金融機関の暗号資産取引ビジネスへの参入が激化しました。同年10月には東南アジア最大手の銀行であるシンガポールＤＢＳ銀行が暗号資産取引所「ＤＢＳデジタル取引所」を発表しています。翌年２０２１年６月には英国スタンダードチャータード銀行も暗号資産を売買する合弁会社を立ち上げると発表しました。また、こうした流れを受け、２０２１年2月にはＶＩＳＡ（ビザ）が「銀行の暗号資産取引サービスをサポートするＡＰＩサービス」を立ち上げています。

Ｊ・Ｐモルガンや、ゴールドマン・サックスも、機関投資家向けの暗号資産取引ビジネスに着手しています。

これは各国政府がコロナ対策のために財政出動を行い、市中に法定通貨があふれたことから、インフレヘッジとして暗号資産に注目が集まったことが背景にあります。単なる流行《はや》り廃《すた》りではなくマクロ経済の影響で暗号資産に注目が集まったことから、利用者もかつての一般投資家やエンジニアなどから、ファミリーオフィスや年金機構、ファンドといった機関投資家へシフトしています。

② 暗号資産を活用した金融サービス

暗号資産が金融業界での存在感を発揮するようになり、これを裏づけ資産としたさまざまなユースケースが考案されるようになりました。現在、暗号資産は投資・投機の対象としてではなく、金融業界で利用される新しい資産としての位置づけを獲得しつつあります。代表的なのは、暗号資産を利用したデビットカードなどの決済サービスと、暗号資産に間接的に投資することのできる投資信託サービスです。

暗号資産デビットカードの仕組みは、シンプルです。従来、銀行の当座預金や普通預金から引き落としが行われていたものを、暗号資産取引所などの口座上の暗号資産から引き落とすだけです。店舗で直接暗号資産を支払うのではなく、あとの精算時に暗号資産を利用する仕組みになっています。

全くの新興企業が、クレジットカードやデビットカードの発行体になろうとすると、クレジットカードブランドだけでなくイシュアー／アクワイアラ（発行会社／加盟店契約会社）といったさまざまな主体が介在することになり、ユーザーに提供できるメリットが希薄化しがちな傾向にあります。しかし、暗号資産カードの分野では、ＶＩＳＡが積極的に暗号資産取引業者との連携を強化していることもあり、取引業者であれば比較的参入しやすく、ユーザーへの利益も提示しやすいものとなっています。


暗号資産投資信託サービスは、従来の投資信託で運用されてきた株式や債券、不動産の代わりに暗号資産を運用するものです。暗号資産を組み込んだ金融商品という位置づけで、主に機関投資家向けに販売されています。

特に、２０２０年の機関投資家の暗号資産購入ブームでは、市場の活性化を牽引《けんいん》する立場となり、１年間でデジタル資産投資商品への累積流入額（価格効果を除いたもの）は、年初の13・5億ドルから80億ドルに増加しています。また、２０２０年の１年間、合計２５０日あった取引日のうちで、資産の流出額が流入額を上回ったのは24日だけでした。

現在、注目の的となっているのは、この投資信託商品をＮＡＳＤＡＱやニューヨーク証券取引所で一般投資家が売買できるようにするＥＴＦ（上場投資信託）の議論です。すでにカナダ・香港・ブラジル・イギリスなどでは暗号資産を組み込んだ上場投資信託が承認され、株式等の投資家が売買できるようになりつつあります。世界最大の金融市場である米国でもFidelityやVanEck、SkybridgeCapitalといった金融機関がＥＴＦの組成を有価証券規制当局に申請しています（２０２１年6月現在）。

このように、ブロックチェーン上で流通する暗号資産が投資・投機の材料として扱われるだけにとどまらず、金融のエコシステムに組み込まれた資産の１つへと発展しつつあるのです。

③ 有価証券のデジタル化（セキュリティトークン）

ブロックチェーン上で新たに生まれる資産の中で、暗号資産に次いで重要視されているのが、セキュリティトークンと呼ばれる有価証券のデジタル化です。

先に、「セキュリティトークン」には、大きく2つの系統があると説明しました。１つが、有価証券規制に準拠するためのプロセスを経てブロックチェーン上にトークンを発行するもの、もう1つは、従来の有価証券を発行するシステムにブロックチェーンやそれに類する技術を活用するものです。

どちらの系統であれ、トークンとして発行される資産がどういった有価証券に相当するかは、トークンが表象する権利ごとに各国の規制によって定められることとなります。主流となっているのは「株式」「社債」「不動産やファンド持分などの証券化商品」の3つです。また、業界によっては、船荷証券や金銭債権といった広義の「証券」をトークン化するユースケースも生まれています。

有価証券規制に則って、事業会社が自社株をトークン化した初期の事例に、米国大手写真フィルムメーカーのコダック社のプロジェクトがあります。コダックはカメラマンがデジタル画像の著作権を管理できるプラットフォーム「KodakOne（コダックワン）」の開発のための資金を得るため、SEC（米証券取引委員会）が定めたガイドラインに沿って2019年にトークン販売を実施しました。この販売は、資産100万ドル以上もしくは年収20万ドル以上を有する適格投資家を対象とし、本人確認やマネーロンダリング対策を徹底して実施されたもので、資金調達額は最大で5000万ドルに達したとされています。

その後、各種の有価証券を発行するセキュリティトークンプラットフォームが次々にローンチされ、特に米国における未上場株式のトークン化が実施されるようになります。

2019年に行われた調査によると、世界のSTOは2019年時点で計124件実施され、総調達額は9・5億ドルにのぼっています。調達は主に米国、金融セクター中心で実施されており、利用されたブロックチェーンはイーサリアムが94%を占めています。

不動産の証券化商品については、イギリスを拠点とするAlliance Investments（アライアンス・インベストメント）が融資した不動産開発プロジェクトが7億ドル規模の調達を2020年に実施しています。国内においては、三井物産が神戸・六甲にある物流センターをセキュリティトークン化し販売する計画を発表しています。また、小口の不動産投資としては不動産情報サイトを運営するLIFULL（ライフル）が米セキュリタイズ社とともに、不動産特定共同事業法に基づく持ち分をトークン化するスキームを考案し、古民家などの少額物件のトークンセールを実施しています。

社債発行をブロックチェーン上で行う事例は、金融機関が実施するものが多い傾向にあり、欧州投資銀行、シンガポールDBS銀行、中国建設銀行など各地の経済圏を代表する大手銀行がすでに検証や実用化に踏み切っています。国内ではSBIグループと野村證券グループがこの分野に早くから注目しており、実証実験の実施やスタートアップ企業への出資、海外企業との連携を積極的に進めています。

④ 送金・決済

ビットコインなどの暗号資産を送金や決済に用いるのではなく、ブロックチェーンそのものを既存の送金や決済の新たなシステムインフラとして採用を検討する動きがあります。特に早くから企業によるブロックチェーンの活用研究が進められたのは、国際送金の分野でした。ビットコインが登場した時、その有用性にいち早く気づいた一般利用者は、仕送り等で頻繁に国際送金を行う発展途上国の人々だったのではないかと思います。

私が初めてビットコインを利用したのも、まさに友人とビットコインで国際送金を行った時でした。もとよりビットコインは「お金を送る」ための機能を備えたアプリケーションですし、それが世界中のどこにいても送りあうことができるという特徴は、初期から注目されていたわけです。

国際送金や決済の分野において、ブロックチェーン技術がもたらすメリットは、安定性を保ったまま処理を高速化・低廉《ていれん》化できるという点です。

まずはこれらの分野の現状を整理してみましょう。

2章でも触れたように世間一般で行われている「送金」または「決済」という処理は「なんらかの台帳上で口座間の残高を付け替える」という作業です。

この処理を最も簡単に行えるのは、送り手と受け手が、それぞれ同じ台帳の上で口座を持っている場合です。身近な例では、自分と家族が同じ銀行で口座を持っている場合、口座振込の手数料はかからないと思います。これは同じ銀行は、同じ台帳を利用していることに由来します。

では、異なる銀行の口座間でお金を送る場合はどうでしょうか。金融の電子化が進んだ現代では、各国にはそれぞれの資金決済システムがあり、中央銀行が主要な金融機関の間をネットワークで繋いで、金融機関ごとにまとめられた残高の付け替え処理を行います。

つまり、「利用者と銀行間での処理」と「銀行と銀行間での処理」の2階層にわたる処理が行われているということです。

こうした資金決済ネットワークは、日本においては日銀ネットや全銀システムがあり、米国にはFedWireやACH、EUにはTARGETやSTEP2があります。ここまでは言語や通貨が共通する残高の移転のため、まだ100円前後の手数料でも利用できます。

ところが、国際送金の場合には中央銀行のような存在がなく、全ての金融機関が一律に参加しているグローバルな資金決済ネットワークがありません。そのため各金融機関はそれぞれに「コルレス関係」を結びます。

コルレス関係とは、海外の金融機関のために決済を代行する関係のことです。コルレス関係を結びあったA銀行とB銀行の間での国際送金であれば比較的容易に実施することができますが、問題はこのコルレス関係のない金融機関間で送金指示が生じるケースです。

この時、A銀行とB銀行が共通してコルレス関係を結んでいるC銀行が存在していれば、C銀行に仲介を依頼することになります。仮にそのようなC銀行が存在していない場合、今度はD銀行といったかたちで仲介者を増やして送金を実現します。このコルレス相手や、仲介者に呼びかけるためのメッセージの仕組みが、SWIFT（スイフト）です。

イメージで例えると、送金ネットワークの仕組みというのは、鉄道網あるいは航空網と非常に似ています。銀行内での処理は東京メトロ内での移動のようなもので、メトロの中であれば初乗り料金も1回でスムーズに目的地にたどり着けます。

銀行をまたいだ処理は東京から名古屋への移動です。東京メトロからJRに乗り換え新幹線に乗って名古屋市営地下鉄に乗り換えるようなもので、3つのネットワークを乗り換える際に、手数料が発生しどんどん割高になっていきます。

国際送金の場合のコルレス関係は、いわば直行便です。直行便がない場合には、空港から空港へと飛行機をサーチャージして乗り換えが必要になります。

このようにシステム上でなにかを動かそうとする時、直接的な繋がりが薄く、より多くのネットワークをまたがなければならない時ほど、生じるコストは大きくなっていきます。

では、なぜ全てのネットワークをまとめることができないのか、なぜ国内ならばそれが可能なのでしょうか。

ポイントは「ネットワークにはそこでの記録を一元管理する特定の存在が必要だった」という点にあります。国内であればそれは中央銀行の役割です。しかし、世界の金融機関の送金網を管理する立場にある存在はおらず、そのため一対一でネットワークを繋ぐしか方法がなかったのです。

前置きが長くなりましたが、国際送金や決済ネットワークにブロックチェーン技術を活用する最大の利点は、「台帳管理者」がいなくても、安定して運用できるネットワークを構築できる点にあります。

国際送金や決済のためのブロックチェーン活用に、いち早く取り組んだ事業者の1つが米国サンフランシスコに本社を置き世界各地9都市に拠点を構えるRipple（リップル）社でした。2020年時点で、Rippleが提供する国際送金ソリューションは、世界の300以上の金融機関が採用しているといわれています。

Rippleは、「Internet of Value」（価値のインターネット）をビジョンに掲げ、2012年に創業しました。また、暗号資産「XRP（旧称＝リップル）」の発行企業として日本人の多くの方もご存じかと思います。

Ripple社は金融機関を主な対象とする、B2Bのソリューション企業で、送受金する金融機関をダイレクトに接続し、1回の処理でリアルタイムに送金が完了する国際送金網「RippleNet」を開発・提供しています。

また、Rippleのネットワークソリューションは主に金融機関を対象とするものですが、これを有効活用することで低手数料での個人間送金も実現されています。その代表例がSBIホールディングスの子会社、マネータップが開発するスマートフォン向けの銀行送金アプリ「Money Tap（マネータップ）」です。

Money Tapの特徴は一般的なＰａｙ系アプリとは異なり、銀行送金に特化し、チャージなしに金融機関をまたいだ送金を低手数料で行うことができるというものです。

これまでに住信ＳＢＩネット銀行、スルガ銀行、三井住友銀行ほか、30社を超える銀行・金融機関が出資しているほか、PayPay（ペイペイ）やLINE Pay（ラインペイ）とも業務提携を行っています。

特に地方銀行と都市銀行の間で行われる仕送りや振り込みなどのユースケースとの親和性が高いといわれており、地銀の再生とネットワーク活用に注力するＳＢＩホールディングスの事業ということもあって、今後の利用拡大に期待が集まっています。

Rippleに並ぶ、もう1つの国際送金ネットワークの取り組みが、大手ＩＢＭ社の提供する「IBM Blockchain World Wire」です。ここではRippleをベースとしつつ、民間・少額決済を志向して開発されたStellerLumenというブロックチェーン技術を用いています。

IBM Blockchain World Wireも２０１９年3月に本格始動が発表され、世界70カ国以上、約50通貨をブロックチェーン上のステーブルコインとして決済可能なサービスが展開されています。

⑤ CBDC（Central Bank Digital Currency＝中央銀行デジタル通貨）

2章で説明したとおり、ＣＢＤＣの利活用には「リテール型」と「ホールセール型」の2つがあります。民間での市中決済を効率化する目的で発行されるＣＢＤＣがリテール型で、従来の金融機関中心の勘定系を刷新《さっしん》し、証券会社や金融機関、フィンテック企業の利便性を高めようという発想で研究されているＣＢＤＣが、ホールセール型です。

リテール型はブロックチェーンやそれに類する技術を前提に「銀行券のデジタル化」を目指すもの、ホールセール型は「既存銀行間システムの刷新」を目指すものと位置づけられるでしょう。

リテール型ＣＢＤＣで世界をリードするのは、中国人民銀行が発行している「デジタル人民元」です。デジタル人民元は中国国内で多数のユーザーを抱えているAlipayのアントグループやWeChatpayのテンセントと共同で開発されている少額決済向けＣＢＤＣです。

すでに深セン・北京・上海など複数地域での実証実験を繰り返しており、コロナ禍における需要喚起策として成果を挙げています。当初は米国のリブラに対抗しようとしている、という文脈で解説されてきましたが、実はこのプロジェクトは、2014年頃から始動しています。

また、中国は同時期にSWIFTに相当する「人民元クロスボーダー決済システム」の稼働を開始し、現在もホールセール型CBDCのクロスボーダー決済で香港や東南アジアとの連携を強めています。これらの施策は、国際経済における人民元のプレゼンスをドルに匹敵するレベルへ引き上げようとする包括的な戦略の一貫と位置づけられるでしょう。

リテール型のCBDCが世界で初めて正式にローンチされたのはカンボジアの「バコン」です。この開発には、日本のITベンダーであるソラミツ社が関わっています。またバハマ中銀も同様のリテールCBDCである「サンド・ダラー」の発行を発表しています。これらの途上国におけるリテールCBDCは、金融包摂を目的としているように見えます。

また、キャッシュレス先進国として知られるスウェーデンでも「eクローナ」の発行が計画されており、現在パイロットテストを実施している段階です。こちらは、電子化が進むスウェーデンで、法定通貨の利便性を高めようとする動きと見てとれるでしょう。

一方、ホールセール型CBDCの研究は、主に欧米の先進国で進められている傾向にあります。先進国には金融機関が多数存在しており、資金決済用マネーが市中に十分流通しています。そんな中で、銀行やフィンテック企業のお株を奪うように、中央銀行がリテール型CBDCを実施すると民間の信用創造機能が毀損《きそん》される恐れがあります。そのため、これらの国々では民間の金融機関の業務効率化・利便性向上に寄与するホールセール型CBDCに目をつけています。

いち早くホールセール型CBDCの可能性に目をつけたカナダ中銀は、2016年から実証実験「プロジェクト・ジャスパー」を実施し、特にセキュリティトークンのDVP決済とのシナジーの高さを見出しています。ここからさらに実用に向けた取り組みに着手しているのがシンガポール中銀の「プロジェクト・ウビン」で、ブロックチェーンごとの利便性の実証に取り組んでいます。

2021年4月にリテールCBDCの実証実験が大きく報じられた日本も、2016年から欧州中銀と共同で「プロジェクト・ステラ」というホールセール型CBDCの研究を進めています。

コロナ禍がもたらした国際情勢不安が、暗号資産を中心とするブロックチェーン上のデジタル資産全般の存在意義を浮き彫りにし、多数の金融機関が暗号資産を金融商品の一部に取り入れようとしています。また、暗号資産が登場した際にいち早くその可能性が見いだされた金融業界では、すでに有価証券や法定通貨のシステムにブロックチェーン技術を取り入れる研究が本格化しており、直近数年以内にそれらが実用化されようとしています。

エンタメ・コンテンツ業界での活用が期待されるブロックチェーン

本書では、ブロックチェーン技術はデジタルとアナログのいいとこ取りをする技術だ、ということを何度も繰り返してきました。この〝デジタルとアナログのいいとこ取り〟を長らく求めてきたのが、出版や音楽に代表されるデジタルコンテンツの分野です。

くり返しになりますが、デジタルデータは無限にコピーが可能です。そのためさまざまなコンテンツをデジタル空間で発表すると、その流通過程でコピーが大量に作成され、市場への供給量をコントロールすることができなくなります。

モノの価値は需要と供給によって決められていますから、供給が無限のものを有償で販売することは困難です。これはインターネットが普及して以降、デジタルコンテンツを販売するビジネスにおいて常に悩みのタネでした。

ブロックチェーンはデジタル空間に存在するさまざまなコンテンツに対し、確からしさを付与することができます。ここでいう確からしさとは「オリジナルの確からしさ」や「発行者の有する権利の確からしさ」などです。この特性に注目し、多くの事業者が、2章でも紹介したNFTを筆頭にブロックチェーン活用に取り組んでいます。

① 記事メディア

ブロックチェーン活用の最初期に考案されたユースケースの1つに、ブログ記事などのコンテンツをブロックチェーン上に公開しようというものがあります。これは従来の記事メディアが抱えていた課題を解決するためのアイデアでした。

従来の記事メディアの課題とは、記事そのものに価格をつけることが難しいというものでした。テキストは、コピーが最も容易なデータ形態の1つです。この課題によりメディアの取りうる選択肢は2つに絞られてきました。

1つ目の選択肢は、記事そのものは無料のものと割り切って読者を集め、読者に対して広告を露出することでマネタイズを図ろうとするものです。このときメディアのビジネス構造はユーザーのPV（ページビュー）を商品とし、それを広告主に販売するモデルとなります。ところが、このモデルにおいては「質が高く信頼性の高い記事」を書くことよりも、「どれだけPV数を稼げるか」「どれだけアフィリエイト案件を閲覧者に紹介するか」が重視されるような力学が働くようになります。

その結果生じたのが、2016年のキュレーションメディア問題などです。また、「炎上上等」で過激な記事を公開する手法や、中身のないコピペ記事を検索エンジン最適化の力のみで露出させる手法、読者の不安を煽り立てる手法などが、当たり前になっていきました。

もう1つの選択肢は記事そのものではなく、記事へのアクセス権に価格をつけるというものです。現在、多くのWebメディアが有料会員制を採用しているのは、1つ目の選択肢がはらむ問題を踏まえてのことでしょう。また、noteのような記事販売のプラットフォームも、厳密には記事そのものではなくアクセス権を販売しています。

記事そのものを販売する場合と、アクセス権を販売する場合の違いはなんでしょうか。

記事そのものを販売する場合、プラットフォームが行っているのは、あくまでもクリエイターと読者がマッチングする場の提供です。例えば同人誌即売会のようなもので、購入者から得た対価の大部分をクリエイターがそのまま受け取れるはずです。

一方で、アクセス権を販売している場合、プラットフォームがコンテンツをクリエイターから借り受け、それを見にきた読者の金額をクリエイターに分配するようなかたちになります。その結果、アクセス権を制御するプラットフォームが記事を自由に検閲・削除できるなど、力が強まっていく傾向にあります。

こうした従来メディアの課題を乗り越えて、クリエイターと読者がより直接的に結びつく信頼性の高いメディアを実現しようとしたプロジェクトに「Steemit」や「ＡＬＩＳ（アリス）」があります。

これらのサービスは、ブロックチェーン上で誰がいつ書いた記事かが記録されるだけでなく、「より良質な記事」と「その記事をいち早く評価した読者」がそれぞれ報酬として暗号資産を受け取れる、というインセンティブの仕組みがありました。

参加者全員に「質の高い信頼のおける記事メディアの実現」を実現する動機づけが、組み込まれていたということです。

　これらのプロジェクトは、ライターにとっても読者にとっても、「記事コンテンツ」が、新たな価値を持つデジタルデータとして認知されていく可能性を示したのです。

　しかしながら、こうしたプラットフォームの場合、通常のメディアのように運営資金を外部から調達することが困難です。したがって成長のためには「高い品質のコンテンツが多数集まる→プラットフォームの価値が高まる→より良い品質のコンテンツが集まるようになる」といったサイクルを回すほかありません。

　ところが、ブロックチェーンが、世間一般に普及しきっておらずコンテンツの品質と多様性を高められなかったこと。報酬として付与された暗号資産を、現実の生活で利用できる価値に交換できる道筋を作りきれなかったことを理由に、こうした事業モデルは現在はやや下火となりつつあります。

　ただ、ここで示された「プラットフォーム内のコンテンツが利用者の資産となり、その資産価値をプラットフォーム全体で育んでいく」という発想は、エンタメ・コンテンツ業界でブロックチェーン活用やＮＦＴ活用に取り組む人々に多くの気づきを与えるという大きな功績を果たしています。

プラットフォーム内のコンテンツが利用者の資産となり、その資産価値をプラットフォーム全体で育んでいくという発想と、これを実現するのに適したNFTという技術をいち早く組み合わせたのがゲーム業界でした。

② ゲーム

ブロックチェーンを基盤にゲームを作ろう、というアイデアが初めてかたちになったのは、2017年にイーサリアム上で誕生したCrypto Kittiesでしょう。Crypto Kittiesは「猫」を模したNFTを収集・売買・配合するコレクション型のゲームです。

ローンチ当初が仮想通貨バブルの最中ということもあり、ピーク時には約1900万円の値をつけるほどのブームとなっています。Crypto Kittiesは、最初期におけるNFTのユースケースとしてブロックチェーン業界で広く認知されることとなりました。

NFTを利用したブロックチェーンゲームの可能性が示唆されてから、ポケモンを模した育成バトルゲームの「Etheremon」や、仮想空間（メタバース）を利用した「Decentraland」

などさまざまなゲームが企画・開発されています。そんな中で、「ゲームにかけた時間や情熱、思い出などを資産として残そう」というブロックチェーンゲームの共通テーマを強烈に打ち出したのが、日本のdouble jump.tokyo社がローンチした「My Crypto Heroes」です。

これらのブロックチェーンゲームと従来のゲーム業界の常識を対比しつつ、ブロックチェーンゲームの魅力を考えてみましょう。

まず、従来のゲームには、大きく分けて2つのマネタイズ手法がありました。1つがゲームそのものを1つの製品パッケージとして販売する「コンシューマ型」のマネタイズ手法です。そしてもう1つがゲームプレイを助けたり、ゲーム内でなんらかのアイテムと引き換えられる権利やポイントを販売する「ソーシャル型」のマネタイズ手法です。

特に後者の場合は、ユーザー獲得のために基本プレイを無料とし、マネタイズのためにユーザーの射幸心《しゃこうしん》を煽る「ガチャ」を採用することがほとんどでした。

My Crypto Heroesを始めとするブロックチェーンゲームの手法は、この2つの中間に位置づけられるものでしょう。つまり、ゲーム内のアイテムを薄利多売ではなく数量限定の貴重品として売り切りで販売するモデルです。

ゲームそのものではなくそのプレイを助ける各種のアイテムを販売する点では、ソーシャル型の発想を引き継いでいますが、ガチャを際限なく引けば誰でも手に入れられるような販売手法は採用されず、商品に希少価値が担保されているのです。

また、ユーザーとゲーム事業者の関係性も異なります。従来は事業者が遊び場を提供し、そこに少しでも多くのお金を落とさせる、という発想でゲームが運営されることが一般的でした。他方、ブロックチェーンゲームでは、一度販売した商品が事業者の管理を離れ、ユーザーの資産となります。この時、ユーザーは、購入したアイテムの価値が不当に貶められることがないことを前提にしないと、なかなかアイテムの購入に踏み切ることができません。例えば、完全に上位互換のアイテムなどを連続して発売するような不誠実な運営を行えば、一瞬で過去のアイテムが転売され、ユーザーがいなくなってしまう可能性があります。逆にユーザーが独自のプレイ手法などを編み出し、アイテムの価値を高めることもあります。ユーザーとゲーム事業者が、互いにゲームのＩＰ（知的財産）を育てていく共創関係が生まれやすいという特徴があるのです。

ゲーム同士の関係性も変化しています。従来のゲーム間でコラボレーションを行う場合、お互いのゲームのキャラを模した新しい商品を、お互いのサービス内に実装するのが一般的であり、両方のゲームでポイントを融通することや、アイテムをお互いに受け渡すようなことは不可能でした。他方、ブロックチェーンゲームの場合、ブロックチェーンという共通の基盤とNFTという共通のデータ形式が採用されるため、コラボ先のゲームで手に入れたアイテムを直接持ち帰るような体験が実現可能です。

「ゲームを通じた体験が資産になる」という合言葉のもとで、事業者やユーザーが互いにゲームの世界を育てていくような共創関係が、ブロックチェーンゲームの特徴ともいえるでしょう。

③ 音楽・映像

音楽や映像といったクリエイティブ業界においても、消費者に届くまでに多くの事業者が関わります。さらにややこしいのは、著作権とそれに伴う収益の分配があります。ここに多くの手間がかかるほか、仲介に入る事業者が利益を独占し、制作者および消費者に十分な恩恵が受けられないということが起きています。

ここからは、音楽や動画業界にブロックチェーンがもたらす可能性について見てみましょう。過去の音楽・映像流通においては、レコードやテープレコーダー、CD、DVC（デジタルビデオカセット）といった物理的な媒体を通じた販売形態が主流でした。これらのクリエイティブビジネスの多くは、印刷伝達時代の「版元と複製」をベースに生まれた「著作権」という概念を基盤にしています。

ところが、インターネットの普及とともにクラウド上にコンテンツを置き、アクセス権のコントロールでマネタイズする時代がやってきます。iPodの普及に始まり、iTunesにおけるダウンロード販売から、現在ではSpotifyやApple Musicなどを初めとする、ストリーミング型のサブスプリクションビジネスへと移り変わってきました。

これに伴い従来の著作権の法律、商習慣は有効性を失いました。にもかかわらず、世界中のステークホルダーが大混乱するので、ルールは「まだある」ことにして、木で竹をつぐ状態で行われているのが、今の時代の著作権ビジネスです。

例えば、楽曲の著作権を管理する際には、「視聴や演奏に際して発生する楽曲使用料の徴収」と「徴収した楽曲使用料を著作権者やステークホルダーへ分配」という2つのプロセスを経る必要があります。

しかし、管理している楽曲（JASRACの場合、300万曲以上）全ての視聴回数をカウントし管理することや、YouTubeへの違法アップロードなどを発見し、得られた収益を公正に分配するには、膨大な手間がかかることは想像に難くないでしょう。

そこから現在、ブロックチェーンとNFTを利用することによって、アナログレコード時代に存在していたような物品販売型のビジネスとデジタル技術の〝いいとこ取り〟が実現しようとしています。

例えば、高音質の楽曲マスター音源や映像作品を、数量限定でNFT化しコレクター向けに販売した上で、コレクターからコレクターへの転売益の一部を販売元が回収するような仕組みが実現可能です。

国内では「.mura（ドットミューラ）」というプロジェクトで、アーティストがマスター音源と独自のアートワークをNFT化し、コアなファン層のキュレーションを通じて、アーティストへ二次流通収益が還流する仕組みが採用されています。

海外ではリンキン・パークの作曲家であるマイク・シノダ氏やエミネム氏など、著名なアーティストが自身の楽曲作品のNFT化に取り組んでいます。また、日本でもGMOのNFTプロジェクトに作曲家の坂本龍一氏が参画するなど、音楽業界でのブロックチェーン活用が急加速しています。

アートやブランド品の真贋管理

アート作品の取引では、来歴を証明できるかどうかが非常に重要視されます。そこには「価値のつき方」と「真贋管理の難しさ」という2つの問題があります。

まずアート作品の価値については、「最初が最高値で中古品は安い」という市民的な感覚に反し、新品が最も安値で、所有者が移転するたびに価値が高まっていくという性質があります。

これは、アーティストのキャリアや、その作品がどんな人に買われたか、どんな展覧会に展示されたかによって作品が持つ意義や文脈が深まっていくことに由来します。ところが、世界中のアート作品に対してこうした来歴情報を正確に管理するのは困難を極めます。

また、アート作品は本物か偽物かによって大きく価値に差が出てしまうため、鑑定によって発行される「作品証明書」を通じて、本物であることを証明する必要があります。

このように、アート作品が本物かどうかを証明するプロセスを「真贋管理」と呼びます。真贋管理においては、本物と複製物を区別する必要があるため、アート作品の所有権管理は厳密になされる必要があります。

従来この所有権管理や真贋管理においては、オークションハウスや鑑定士といった第三者による信頼の付与がなされてきました。ところが、鑑定書自体の偽造も行われるためネット上で自動化もできず、アート作品の多くが流通しづらいという問題があります。

オンラインアートギャラリーのSaatchi Artによると、少なくとも現在世界のアート市場で起きている不正行為による被害額は、年間60億ドルにのぼり、その内の80％が偽造品によるものといわれています。

アート管理へのブロックチェーン活用に拍車をかけているのがＮＦＴです。ＮＦＴはデジタル空間における鑑定書そのものであり、真贋つまりオリジナルか否かをひと目で判別することのできる目印だからです。

アートの分野でブロックチェーンとＮＦＴが果たしている役割は、管理のみにとどまりません。これらの技術を用いることで、デジタル空間上の表現のみをオークションなどで販売することができるようになったことは、これからのアート表現を変革する可能性があります。

ちょうどチューブ絵の具が印象派を生み出し、印刷技術の大衆化がアンディ・ウォーホルのモダンアートを生み出したように、NFT技術がデジタル空間を舞台にしたアート作品を生み出そうとしています。

例えば、アーティストのBeepleが作成し、オークションハウス・クリスティーズで競売にかけられ75億円で落札されたアート作品『Everydays - The First5,000Days』などは、現実世界に出力されていないデジタル・ネイティブなアート作品です。

その他にもスマートコントラクトを利用して、連鎖的にNFTを自動生成していくNFT作品なども生まれています。

この分野では日本のStartbahn社が、先進的な取り組みで注目を集めています。同社はデジタルアート作品の来歴を管理することのできるブロックチェーン基盤や、それを利用したアート作品の売買プラットフォームを開発しています。作品の所有権はブロックチェーン上で記録され、過去にどのような所有者にいくらで売買されてきたのかといった来歴を証明できるようになります。すでに米国やシンガポールに拠点を構え、各地のアートギャラリーやオークションハウスとの連携を強化しています。

海外でもロサンゼルスのVerisart（ベリサート）は、それぞれのアート作品に関する所有者や所在地、信頼性などの情報をブロックチェーン上に記録し、所有権証書の管理プラットフォームを構築するプロジェクトを進めています。またロンドンのBlockverify（ブロックベリファイ）は、アート作品の追跡や、模造品、盗難品の識別を簡素化するシステムを、ブロックチェーン上に構築しています。


贋作・偽物が出回るのはアートだけに限りません。ブランド品や宝飾品もアートと同様に真贋管理の問題を抱えています。

ＯＥＣＤ（経済協力開発機構）の調査によると偽造品・海賊版の流通総額は、およそ４兆５０００億ドルと推定されています。そのうち高級時計やバッグなどのラグジュアリー製品は、医薬品や娯楽製品をしのぐ6割から7割を占め、１兆２０００億ドルと推定されるラグジュアリー製品の全取引額の４分の１ほどを占めると見られています。

こうした背景を受け、特に被害規模の大きいブランドは対応に多額の費用を投じています。ルイ・ヴィトン、シャネル、クリスチャンディオール、タグ・ホイヤー、モエ・エ・

シャンドンなど75もの高級ブランドを有する巨大グループ「LVMH」は、60人以上の弁護士を雇い、コピー商品に対する法的措置に、年間1700万ドル費やしているといわれています。

偽造品の流通は、C2C取引の普及によって増加を続けているとされ、匿名をいいことに、約4割近くがインターネット上で売買されているとの調査結果もあります。

LVMHは、この問題を根治するためブロックチェーン技術を利用した流通情報基盤「AURA」を開発しています。AURAでは、原材料の調達から店頭に並ぶまでの一連の情報を記録し、保全しています。

また、実際に商品を手に取る消費者もブランドのアプリを用いてQRコードやスマートタグを読み取ることで、その商品が本物かどうかを確認することができるようになります。

宝飾品やブランド品以外にも、2014年に設立されたChronicledは、スニーカーの信頼性をブロックチェーン上で管理できるサービスを展開していますし、EYアドバイザリー・アンド・コンサルティングは世界中のワインの管理・追跡を行う「ワイン・ブロックチェーン」の実証実験に取り組んでいます。

さまざまな商品がC２Cサービスによって二次流通する市場環境において、ブロックチェーンがその真贋を担保する仕組みは、ありとあらゆる領域で必要とされるでしょう。

サプライチェーンの変革

経済産業省が２０１７年に発表した試算において、ブロックチェーンが、日本経済に与えるインパクトが最も大きかったのは「サプライチェーン」です。サプライチェーンとは、製品の原材料・部品の調達から、製造、在庫管理、配送、販売、消費までの全体の一連の流れのことを指す概念です。これを管理することを「サプライチェーン・マネジメント」と呼びます。

サプライチェーン・マネジメントの目的は、消費者の需要に応じて供給量を最適化することです。例えば、市場で10個の商品が求められている時、5個分しか生産できなければ、5個が機会損失となります。しかし、15個の商品を生産してしまえば、今度は余剰の5個分の在庫コストが生じます。これを極力正確に求められたとおりの10個に近づけるかが、サプライチェーン・マネジメントの課題です。

一般的に、サプライチェーン・マネジメントは各社が導入しているERP（エンタープライズ・リソース・プランニング）製品を利用し実施していることがほとんどです。しかし、ERPの性質として、サプライチェーン上で隣接している直接の取引先としか情報を連携することができず、最上流から最下流までの全てを見通すことは困難でした。

ブロックチェーンを用いたサプライチェーン・マネジメントとは、取引の計画情報や受発注情報をERPの外部に設けたブロックチェーンに同期することで、サプライチェーン上の関係者が正確な情報をリアルタイムに把握できるようにするものです。

例えば、小売店での販売動向を部材サプライヤーが知ることができれば、部材の仕入れを正確な予測のもとに実施できます。反対に、サプライヤーの仕入れ量や製品供給力を小売店が把握できれば、需給調整によって価格を最適化できるでしょう。

ブロックチェーンを利用したサプライチェーン・マネジメントはIBMの「Food Trust」が代表的です。Food Trustは、米国スーパー大手ウォルマートとの実証実験を経て製品化された、ブロックチェーンプラットフォームで、世界各国の消費財や原材料のサプライチェーン・マネジメントに利用されています。

ＳＤＧｓ（エスディージーズ）、つまり持続可能な開発目標の観点でもサプライチェーン・マネジメントへのブロックチェーン活用に注目が集まっています。先ほどの例で機会損失と在庫コストの話をしましたが、企業経営においては機会損失を余剰在庫よりも避ける傾向にあります。そのため、想定される需要よりも多くの在庫を確保することが一般的です。すると、どうしても廃棄される商品が生じます。身近な例では、コンビニで売れ残った弁当やおにぎりなどがこれに当たるでしょう。

また、サプライチェーン上の情報が、不透明な場合に生じる問題の1つにフェアトレードの問題があります。発展途上国などの生産者が弱い立場に付け入られ、不当な商取引に応じていたり、製造過程で未就学児などが不当に安い賃金で働かされているといった問題が世界各国で生じています。

こうした問題を明るみに出し「自社製品がＳＤＧｓにかなったものであること」を証明するためにもブロックチェーンが利用されています。

土地登記や賃貸契約などの電子化に取り組む不動産業界

不動産を裏づけとする新しい資産については、金融業界のユースケースの一部として紹介しました。ただ、不動産を扱うという業務はそれ自体が確からしさを求められるものですから、純粋な既存システムの補強ないしは置き換え先として、ブロックチェーンが検討されているユースケースがあります。

例えば、特に諸外国で活用が進められているのが、土地登記です。従来は各国政府が担ってきた土地登記は、政府機関の中央サーバー上で集中的に管理を行っています。しかし、集中的に管理されているため、外部からのハッキングによる改ざんの被害に遭いやすくなります。また、制度が整っていない国々においては、役人や政府関係者による汚職や不正の温床ともなっています。

そもそも電子化が進んでおらず、書類によるアナログな管理に頼っていることも少なくありません。

ブロックチェーンを活用して分散的に記録することで、改ざんのリスクを大きく減らしつつ、誰もが閲覧可能な透明性を担保することができます。

ガーナやグルジアでは国家主導でブロックチェーン技術が導入されつつあります。アフリカなど発展途上国においては、土地の所有権や境界が曖昧《あいまい》な部分が非常に多く、土地所有権をめぐる争いも頻発しています。

例えばガーナでは、実に8割近くの土地が登記されていないのが現状です。ブロックチェーンの活用によって土地登記の手間やコストを大幅に削減し、土地所有権を明確にする狙いがあるといえます。

国内では大手住宅メーカーの積水ハウスが、ブロックチェーン技術を活用し、賃貸住宅への入居に必要な物件内覧や契約などの各種手続きを簡素化するサービスを開発しています。誰もが1度は経験があるように、引っ越しを行う際には、内覧から引っ越しまで何度も担当者立会いのもとで物件に足を運ぶ必要があるほか、家財保険などサービス提供事業者ごとに本人確認書類の提出をくり返し求められてきました。また公共料金の切り替え手続きも、相手ごとにその都度情報を入力しなければなりません。

積水ハウスでは、企業間の情報連携を推進するコンソーシアム「NEXCHAIN」のブロックチェーン技術を活用し、顧客情報を本人同意のもとで関連企業間で共有しています。この情報をもとにセキュリティを確保した上でスマートコントラクトによるプロセスの簡素化を実現しているのです。

他にも、不動産情報サイトに掲載されている賃貸物件などの情報が不動産会社ごとにばらばらに更新されていて、最新の正確な情報を誰もが気軽に利用できない、という問題もあります。国内ではこの問題を解決するため、不動産情報サイトを運営するＬＩＦＵＬＬ社を中心とした不動産情報共有コンソーシアム「ＡＤＲＥ（Aggregate Data Ledger for Real Estate）」が結成されています。

データ共有と活用に取り組む医療業界

医療・ヘルスケア産業は、年々、急拡大を続けており、２０２０年時点で国内26兆円、２０３０年には37兆円の市場規模に達すると見られています。この背景には、社会の高齢化、予防・健康管理・生活支援サービスの充実、医療・介護技術の進化があります。

さて、こうした市場拡大は、医療現場の人材不足とそれに伴う激務化のリスクと背中合わせです。実際に新型コロナウイルスの被害が急拡大した２０２０年には、医療現場の過重労働がたびたび問題視されています。

この分野でも、医療現場の生産性を高めるため、テクノロジー活用に期待が集まっています。例えば、カルテに記載される既往歴や診察結果などの情報は、医療機関ごとに異なるフォーマットで記録されており、統合的なヘルスケア情報に患者本人がアクセスできない状態にあります。これでは予防医療などのサービスを満足に利用することができませんし、セカンドオピニオンなど新しく病院に行くために、過去の情報を集める手間が生じます。また、製薬会社に情報提供を行ったりすることも難しい現状にあります。

そもそも、ヘルスケアはプライバシーに深く関わる情報のため、患者本人がマスターデータを管理し、それを中心に医療機関・保険会社などに都度更新してもらう、というのが本来あるべきかたちといえるでしょう。

特に新型コロナウイルスの影響で利用が拡大したオンライン診察などでは、デジタルなヘルスケア基盤の必要性が、一層認知されるようになりました。

さらに、医療に関連する情報は、命に直結するという点でも、保険などで参照されるという点からも確からしさが求められます。

そこで、このようにヘルスケア情報の共有基盤として、ブロックチェーン技術の活用が検討されている状況です。

この領域で開発を進める「MedicalChain」では、医療記録をブロックチェーン上に記録し、患者・医師だけではなく、研究機関、保険会社なども情報保有者の許可によって、ブロックチェーン上の記録を参照することを可能にしています。

国内でも、保険最大手の東京海上日動が、医療カルテ情報の共有に向け医療機関と連携しながら実証実験を進めています。この取り組みでは情報共有だけでなく、最終的には、カルテ情報に基づく保険金支払業務の自動化を目指しています。医療情報をネットワーク上に記録しアクセスできる範囲を広げることで、単なる情報共有にとどまらないかたちでの情報の活用が可能になるのです。

また、医療用アプリや医療機関向けデジタルシステムを開発・提供するサスメド社では、臨床試験システムにブロックチェーン技術を採用し、従来の方法よりもセキュリティレベルと費用対効果が高く、かつ正確性が担保されたデータ管理の実現を目指しています。

人的資源のサプライチェーンに相当する人材業界の取り組み

２０１２年に実施された調査によると、１年間で発行される卒業証書の数は、ＥＵの高等教育機関から４００万通、米国の大学だけでも４００万通、中国で７００万通と、世界中で多くの卒業証書が発行されています。

発展途上国の人口と教育機会の増加に伴って、高等教育機関は増え続けていますから、この量は今後も増えていくと予測できます。

受け取った側にとって卒業証書は１枚限りですが、発行する大学側は無数の重要書類を独自に発行して管理しているため、大学側の管理コストだけでなく、企業側閲覧の不便さも発生しています。

また、就職や転職の際の学歴や経歴の詐称《さしょう》が世界中で問題になっています。こうした学歴詐称は、個人が行うだけに限らず、偽《にせ》の卒業証書を発行し販売する業者が世界中に存在しています。こうした事情により、事業者は求職者の経歴にまつわる真贋を見極めるコストを支払っています。

こういった問題の解決にもブロックチェーン技術は活用されており、その中の1つが「BC Diploma」です。BC Diplomaは、大学などの高等教育機関が発行した卒業証書や学位に関する情報をブロックチェーン上に記録できるようにします。これにより、教育機関の情報管理コストや、企業の採用コストを下げることが可能になります。

学歴や職歴は、人的資源のサプライチェーンともいうべきものです。こうした情報を公共のデータベース上で一貫して管理することで、社会全体で発生する「嘘を見抜くコスト」を取り除くことができるようになります。

また、単なる学歴や職歴にとどまらず、本人の働き方や業務実績など人材価値に関する情報を幅広く担保しようというアプローチもあります。

日本では「Peer Trust」(ピアトラスト)というピアボーナスサービスが、情報の信頼性を担保する基盤としてブロックチェーンを採用しています。ピアボーナスとは、「会社↓従業員」や、「従業員↕従業員」でやり取りされる社内通貨やポイントの一種で、モチベーション向上や組織エンゲージメントの向上に繋がるとしてコロナ禍以降、注目を集めています。特にPeerTrustでは、過去に獲得したピアボーナスが自身の働き方や実績を証明する資産の一種として、職場の内外で利用できるようになっています。

電力・エネルギーのＰ２Ｐ取引に利用されるブロックチェーン

エネルギーの分野でもブロックチェーンの有効活用が検討されています。エネルギーのように公共性が高い業界では、事業を営む上で巨額のインフラ投資が求められることや、民間企業の競争によって社会インフラが機能不全に陥らないようにすることを理由に、取引の大部分に大手電力会社が介在する構造となっています。

例えば、電力を発電する主体（民間企業やソーラーパネルで自家発電を行う一般家庭）が、生み出した余剰電力を売って利益を得ようとする場合、全ての電力を一度、電力会社が買い上げることになります。

２００９年に固定価格買取制度が始まった再生可能エネルギーの買取は、国により買取が保証されていたため太陽光発電を普及させる一助となりましたが、買取期間が10年と定められていたため、「売り先のない余剰電力」が増えつつあります。

また、各地の発電施設で生まれた電気は、長い電線を通って各家庭に供給されます。この際、電線の抵抗によって電力が消費され、遠隔地に送電しようとすればするほど送電ロスが発生してしまいます。

こうした事情から、民間企業や家庭間で電力を販売しあい、地産地消を目指そうという動きが盛り上がっています。電力会社を介さずに、民間でこのような相互に電力を供給しあうネットワークを「マイクログリッド」といいます。

マイクログリッドにおいては、電力量の計測に長けた電力会社を介することなく、民間の発電主体が生み出した電力量や、購入した側の電力消費量が改ざんされないよう管理する必要があります。また、発電した電力の価値を証明するものとしてトークンを発行し、それを取引や決済に利用できるようにすることで、送金・着金にかけていたコストを抑え、かかっていた時間を短くすることができます。

国内では、東京電力や関西電力、中部電力大阪ガスなど大手エネルギー企業がこぞってブロックチェーンを利用したP2Pの電力取引に取り組んでいます。

また再生可能エネルギーの利用拡大を目指す「みんな電力」などの新興企業も、ブロックチェーンを用いた電力取引・トレーサビリティに関する特許取得発表するなど、業界をあげて実証研究が行われている領域です。

おわりに

本書ではブロックチェーンが記録の技術の進化系であり、「信頼」を拡張するテクノロジーであると説明した上で、ブロックチェーンの基本的な仕組みと新たな可能性、そしてすでに活用が進むブロックチェーンの最前線について解説してきました。

私が以前にブロックチェーンに関する入門書を上梓した2017年から4年の月日が流れました。その間にもフェイスブックによるリブラの発表や、その後の各国によるCBDCへの着手、ビットコインバブルを越える暗号資産価格の高騰、BeepleのNFT作品の75億円での落札などセンセーショナルな出来事が数多く起きました。

ブロックチェーンのユースケースは具体化と多様化を遂げていますが、信頼の拡張を通じてデジタルとアナログの〝いいとこ取り〟を実現するという、ブロックチェーンの本質は誕生当初から変わっておらず、着実に世界のデジタル化を進めています。

ブロックチェーンは、時に世界中の期待を集め、時に人々に見放されながらも、その裏側では、実に多くの事業者や人々が実用化へ向けて泥臭い試行錯誤を続けてきました。

私は、ブロックチェーン企業の経営者として事業を営みながら、このテクノロジーが引き起こす変化を最前線で感じてきたからこそ分かることがあります。それは、新しいテクノロジーが世の中に変化を起こす時、その変化は二段階で訪れるということです。

初めの段階は、誰の目にも明らかで、地震が起きたかのような強い衝撃を伴い短期的に大きな変化を及ぼすものです。

例えば、スティーブ・ジョブズによるiPhoneの発表や２０１７年のビットコインバブル、昨今のＮＦＴへの期待の高まりなどがこれに当たるでしょう。

それが過ぎ去った後に、緩やかで力強いが、はっきりとは知覚しづらい断続的な変化が続く段階へ移行します。これはいわば地殻変動のようなものです。

例えば、ＩＴバブルの後も増強と拡張が続けられた通信回線が、いつの間にか誰もが利用するインターネットを支えていること。または、スマートフォンの普及で誰もが当たり前にインターネットへアクセスし、さまざまなサービスを利用していること。そして、ＡＩブームは過ぎ去ったなどといわれながらも、中高生らが利用するカメラアプリや、施設等の入り口に設置されるサーモグラフィーカメラの裏側で、ＡＩによる顔認識が行われていること。

そして、ブロックチェーンという新しいテクノロジーもまた、スマホやＡＩと同じように私たちの社会の深層へと浸透し始めている時期なのでしょう。今後しばらくもすれば、誰にも意識されない、ただ当たり前に利用されている技術の1つとなっていくはずです。

ブロックチェーンが本当に誰にも意識されない場所から、デジタルとアナログの融和を実現していくことで、社会はデジタル化の歩みを進め、ＳＦの世界などで表現される、よりめぐりのよい社会に近づいていくはずです。

一方でこのデジタル化への歩みは今、新型コロナウイルスの感染拡大によって、半ば強引に加速しています。本来であれば、順を追ってデジタルとアナログの折り合いをつけていくはずだったさまざまなシーンで、デジタルの利用を余儀なくされているはずです。

そんな中で、どうしても「噛み合わない」と感じるポイント、いわば摩擦が生じているのではないでしょうか。

例えば、会議室の代わりにZoom等を利用し、取引先とのオンライン商談で契約に至ったにも関わらず、契約書の原本は社内の保管庫で管理しなくてはならないこと。キャッシュレス決済を行ったにも関わらず、紙の領収書を受領して確定申告を書面で行わなくてはならないこと。このようなさまざまな摩擦が今、ＤＸの妨げとなっています。

ＤＸの本質は、これまでアナログを前提としていた暮らし方・働き方を、デジタル前提に切り替えて見直すことにあります。そんな中で変化を要求されるのは、どちらかといえばアナログに親しみを感じてきた人々でしょう。ご年配の方の中には、今でもデジタル技術に抵抗感がある方がいらっしゃるかもしれません。

しかし、そうした方々は、意味もなくアナログな暮らし方・働き方に固執しているわけではありません。アナログな手法によって担保されてきた「確からしさ」に価値があることを彼らは知っているのかもしれません。そうした人たちを無視して推し進めたＤＸは、どこかで壁にぶつかるでしょう。最近になって個人情報の不正流出や、システム障害などがたびたびニュースを賑わせたのも、この急速なデジタル化と無関係ではないはずです。

この壁を乗り越えるためには、デジタルとアナログのどちらか一方を取捨選択するのではなく、双方の良さを見定め、より上位のレイヤーで融和させていく必要があるのではないでしょうか。そこで真価を発揮するのが、アナログの確からしさをデジタルに付与するブロックチェーン技術だと私は考えています。

また、利害対立がある相手や、そこまで与信をおけない相手とでも、共創関係を築くことにもブロックチェーンは力を発揮します。

ブロックチェーンを活用することで、関係する人々の間で利害を調整し、お互いが合意できるより良い答えを導くこともできるでしょう。

もちろん、テクノロジーはあくまでツールであり、それを利用できる人々がいなくては真価を発揮することはできません。また、ブロックチェーンはひとりで利用するツールではありません。ならばこそ、社会全体でブロックチェーンへの理解を深めていく必要があります。

本書を通じて、ブロックチェーンがどのような技術かを理解し、有意義なツールとしてビジネスや社会に活かせる人が一人でも増えることを願っています。

森川夢佑斗

２０２１年７月

参考文献

●書籍

坂井豊貴『暗号通貨VS.国家』ＳＢ新書

中島真志『決済システムのすべて』『証券決済システムのすべて』東洋経済新報社

中島真志『仮想通貨VS.中央銀行』新潮社

ウィリアム・ムーゲマイヤー『ビジネスブロックチェーン』有限責任監査法人トーマツ（監修）、黒木章人（訳）、日経ＢＰ社

鳥谷部昭寛他『スマートコントラクト本格入門』技術評論社

正田英樹他『ブロックチェーンがひらく「あたらしい経済」』幻冬舎

アンドレアス・Ｍ・アントノプロス『ビットコイン・ブロックチェーン』今井崇也、鳩貝淳一郎（訳）、ＮＴＴ出版

松尾真一郎他『ブロックチェーン技術の未解決問題』、日経ＢＰ

マーシャル・マクルーハン『グーテンベルクの銀河系』みすず書房

結城浩『暗号技術入門 第3版』ＳＢクリエイティブ

増島雅和『暗号資産の法律』中央経済社

● 論文等

Satoshi Nakamoto『Bitcoin: A Peer-to-Peer Electronic Cash System』
Vitalik Buterin『A next-generation smart contract and decentralized application platform』
Gavin Wood『ETHEREUM: A SECURE DECENTRALISED GENERALISED TRANSACTION LEDGER』
経済産業省『ブロックチェーン技術を利用したサービスに関する国内外動向調査報告書』
経済産業省『デジタルトランスフォーメーションを推進するためのガイドライン』
一般社団法人 全国銀行協会『ブロックチェーン技術の活用可能性と課題に関する検討会報告書』
日本銀行 決済機構局『分散型台帳技術による証券バリューチェーン構築の試み』
日本銀行 決済機構局『中銀デジタル通貨が現金同等の機能を持つための技術的課題』

※本書は『ブロックチェーン入門』『ブロックチェーンの描く未来』（共にＫＫベストセラーズ）を一部引用しています。

MdN新書
025

超入門《ちょうにゅうもん》ブロックチェーン

2021年8月11日　初版第1刷発行

著　者　森川夢佑斗《もりかわむうと》
発行人　山口康夫
発　行　株式会社エムディエヌコーポレーション
〒101-0051　東京都千代田区神田神保町一丁目105番地
https://books.MdN.co.jp/
発　売　株式会社インプレス
〒101-0051　東京都千代田区神田神保町一丁目105番地
装丁者　前橋隆道
編集協力　藤本賢慈（Ginco）
DTP　三協美術
写真提供　アフロ
印刷・製本　中央精版印刷株式会社

カスタマーセンター
万一、落丁・乱丁などがございましたら、送料小社負担にてお取り替えいたします。
お手数ですが、カスタマーセンターまでご返送ください。

落丁・乱丁本などのご返送先
〒101-0051　東京都千代田区神田神保町一丁目105番地
株式会社エムディエヌコーポレーション　カスタマーセンター　TEL：03-4334-2915

書店・販売店のご注文受付
株式会社インプレス　受注センター　TEL：048-449-8040／FAX：048-449-8041

内容に関するお問い合わせ先
株式会社エムディエヌコーポレーション　カスタマーセンターメール窓口 info@MdN.co.jp
本書の内容に関するご質問は、Eメールのみの受付となります。メールの件名は
「超入門ブロックチェーン　質問係」としてください。電話やFAX、郵便でのご質問にはお答えできません。

Senior Editor 木村健一　Editor 河西 泰

ISBN978-4-295-20194-6　C0233